번역, 이럴 땐 이렇게

조원미 이화여자대학교 영어영문학과와 한국외국어대학교 통번역대학원 한영과를 졸업했으며 Columbia University in New York TESOL을 졸업했다. 현재 고려대–맥콰리대(Macquarie University) 통번역 프로그램 교과 과정 연구 전임으로 있으며 한국외국어대학교 사이버대학교에서 초급, 중급 번역 강의를 하고 있다. 미국 9·11사태 때 한인 피해자들을 위한 통번역사로 활동하여 미국 적십자사로부터 감사장을 받은 바 있으며, 지은 책으로『한영 번역, 이럴 땐 이렇게』등이 있다.

번역, 이럴 땐 이렇게

2013년 6월 21일 초판 1쇄 발행
2024년 9월 19일 초판 10쇄 발행

지은이 조원미
펴낸곳 부키(주)
펴낸이 박윤우
등록일 2012년 9월 27일
등록번호 제312-2012-000045호
주소 서울시 마포구 양화로 125 경남관광빌딩 7층
전화 02) 325-0846
팩스 02) 325-0841
홈페이지 www.bookie.co.kr
이메일 webmaster@bookie.co.kr
제작대행 올인피앤비 bobys1@nate.com
ISBN 978-89-6051-320-4 13740

책값은 뒤표지에 있습니다.
잘못된 책은 구입하신 서점에서 바꿔 드립니다.

번역, 이럴 땐 이렇게

조원미 지음

이다새

저자 서문

번역이란 '글'을 통해 더 많은 사람들과 소통하는 것

21세기는 한마디로 글로벌 시대입니다. 지식과 정보와 산업이 국가의 경계를 뛰어넘어 세계적으로 이루어지고 있습니다. 사람들은 다양한 언어로 서로 소통하고, 그에 따라 번역 일도 많아지고, 전문 번역사가 아니더라도 업무상 영어를 읽거나 번역해야 하는 일이 많아졌습니다. 하지만 영어 실력이 좋다고 해서 반드시 좋은 번역이 나오는 것은 아닙니다. 영어 리딩 실력이 높다고 해서 스피킹이나 라이팅 실력까지 뛰어난 것은 아닌 것과 같습니다.

그러면 어떻게 해야 그 차이를 줄일 수 있을까요? "고기도 많이 먹어 본 놈이 잘 먹는다."라는 말이 있습니다. 마찬가지로 번역도 많이 해 본 사람이 잘할 수밖에 없습니다. '번역에 관한 지식'이 있다고 해도 '번역을 잘할 수 있는 내공'을 쌓으려면 많은 연습이 필요하고 문제에 부딪칠 때마다 고민하고 해결하는 시간의 누적이 필요합니다.

가수 박현빈 씨가 일본에서의 활동을 앞두고 그의 대표곡 〈샤방샤방〉을 일본어로 옮길 때 일입니다. 다른 부분은 일본어로 옮긴 것이 그런대로 마음에 들었는데, '아주 그냥 죽여줘요'만은 일본어로 어떻게 번역하는 것이 좋을지 누구에게 물어도 답이 나오지 않았다고 합니다. '죽여줘요'는 '죽이다'라는 의미가 아니고 '그 정도로 정말 좋다'라는 의미인데, '정말 좋~다'라고 번역하자니, '죽여주다'에서 느껴지는 어감이 살지 않아 고민스러웠다고 합니다.

바로 이런 경우에 번역의 고민이 시작됩니다. 끊임없이 이런 고민들을 하면서 해결책을 찾는 과정이야말로 번역 공부의 일상이지요.

통역은 '말'을 통한, 번역은 '글'을 통한 소통의 도구입니다. 그러나 소통만을 목적으로 하는 일반인과 달리 전문 번역사로서 번역을 잘하기 위해서는, 무엇보다도 '각각의 언어가 특정한 상황에서 사용하는 고유의 표현'을 제대로 잘 구사해야 합니다. 이것이 가장 기본입니다. 자신이 직접 어떤 표현을 만들어 내는 것은 그 다음 일이거나 불필요한 일입니다.

저의 경우, 번역을 하면서 종종 "우리나라 사람은 이럴 때 어떤 표현을 쓰지?" 혹은 "원어민들은 이럴 때 어떤 표현을 쓰지?" 하며 눈을 감고 생각합니다. 예를 들어 collocation(단어들의 결합)과 관련해서 strong coffee는 맞지만 powerful coffee는 맞지 않습니다. 예를 하나 더 들어 보겠습니다. 지하철 광고 중 "좌석에 앉아 다리를 벌리면 다른 사람에게 ○○를 끼칩니다."라는 공익 광고가 있습니다. 이 광고 문구를 보고 바로 떠오르는 단어는 '불편'이나 '피해'지만 '끼칩니다'와의 결합을 생각해야 합니다. '○○'의 자리에 '불편'을 넣으면 '불편을 끼칩니다.'가 되어 두 단어가 적절하게 결합한 문장이 되지만, '피해'라는 단어를 넣으면 '피해를 끼칩니다.'라는 어색한 조합이 됩니다. 또 "A tree lives in the forest."라는 문장은 단어 live의 뜻을 그대로 살려 '나무가 숲에 살고 있습니다.'라고 번역하지 않습니다. 생물이지만 인간은 아닌 '나무'가 주어니까 live의 의미를 살리되 '나무'에 어울리는 동사를 찾아 '숲에 나무가 있습니다.'로 번역합니다.

영어 원서와 번역서를 놓고 번역이 좋으니 나쁘니, 전문가가 필요하니 불필요하니 등등에 대해 여러 논란이 있는 것도 사실이지만, 번역은 그 논란을 뛰어넘는 가치를 가지고 있습니다. 동서고금의 많은 작가들이 쓴 책들이 도서관에서, 서점에서 우리를 기다리고 있습니다. 그러나 그 책들은 번역사의 수고가 없다면 다른 언어권의 독자들과 만날 수 없습니다. 톨스토이나 셰익스피어의 작품을 우리가 만날 수 있는 것도 번역사의 수고 덕분입니다. 번역은 독자에게 더 큰 세상이 있음을 경험하게 하고, 같은 사람이지만 다른 삶의 방식을 가지고 있음을 깨닫게 하고, 또는 다른 민족이지만 같은 고민을 껴안고 살아가고 있음을 공감하고 공유하게 합니다. 서로 소통이 되지 않는 저자와 독자를 이어 주는 번역 작업은 분명 매력적인 일입니다. 사람을 돕는 일입니다. 사람을 알아 가는 일입니다.

그런데 한자리에서 직접 소통을 도와주는 통역과 달리 번역은 소통의 대상이 눈앞에 없습니다. 그렇기 때문에 번역은 통역보다 더 많은 생각과 상상이 필요합니다. 모든 분야의 전문가가 될 수는 없겠지만 번역사는 해당 분야의 전문 내용을 이해할 수 있는 '지적 능력', 이해한 내용을 구체적인 단어와 문장으로 옮길 수 있는 '표현력', 그리고 각 표현들을 잘 구성해서 글로 엮어 내는 탄탄한 '문장력'이 있어야 합니다. 이를 위해서는 자신의 번역에 아이디어를 보태야 합니다. 언젠가 '타코야끼', 우리말 표현으로는 '문어빵'을 굽는 분이 문어빵 꼬지에 방울 하나를 달았더니 매상이 네 배나 늘었다는 얘기를 들은 적이 있습니다. 번역에도 이런 아이디어가 필요합니다.

제가 통번역사로 일한 지 벌써 20년이 넘어가고 있습니다. 강단에서 통번역 강의를 한 지도 10년이 되어 갑니다. 그동안의 현장 경험과 강의, 그리고 학생들의 질문이 주마등처럼 머리를 스쳐 갑니다.

각자의 꿈을 향해 책임감을 가지고 열심히 공부하는 학생들과 동료들을 보면서 많은 자극을 받았습니다. 그러면서 책을 쓰기로 마음먹었고, 실제 교실에서 강의를 받는다는 생각이 들도록 글을 쓰는 것이 좋겠다고 생각했습니다. 제가 가지고 있는 경험과 지식 중 어느 것이 여러분에게 필요할지 학생 한 명, 한 명과 대화를 나누는 마음으로 이 책을 썼습니다. 또 번역 공부 자체도 중요하지만 학습 목표가 분명하여 동기 부여가 될 때 더 열심히 할 수 있다는 생각에, 이 책에도 제가 실제 강의 중에 하듯이 이런저런 이야기를 담았습니다. 무엇보다도 차별화된 번역을 하기 위해 그동안 제가 고민하며 얻은 번역 방법들을 담았습니다. 이 책을 읽는 한 분, 한 분이 다 그것을 자기 것으로 만들기를 바랍니다.

"준비되지 않은 명연설은 없다."라는 처칠 수상의 말처럼, 이 책이 여러분께 '준비된 번역사'가 되는 토양이 되기를 바랍니다.

2013년 6월

조원미

차 례

저자 서문 **4**

Section 1.
좋은 번역이란?   11

01 두 언어의 구조적 차이를 반영하라   13

    1. 영어와 한국어는 주어나 목적어와 소유격에 쓰이는 대명사 구조가 다르다 **16**
    2. 우리말 구조에 주의하자 **17**
    3. 동일 인물을 가리키는 표현이 다양하다 **20**
    4. 동사는 처음 생각나는 뜻보다 문맥 안에서 필요한 뜻을 찾아보자 **21**
    5. 한 줄 걸러 나오는 say나 tell은 의미를 세분화시키자 **24**
    6. 원문과 다르게 긍정은 부정으로, 부정은 긍정으로! **27**
    7. 영어의 형용사는 우리말의 서술어나 부사어로 번역하자 **29**
    8. 영어의 부사는 서술어로 번역하자 **30**
    9. 영어의 무생물 주어는 '~해서/~한다면/~때문에' 등 부사구로 번역하자 **31**
    10. 영어의 문장부호는 접속사의 의미다 **33**
    11. 직역과 의역 **34**

02 우리말 표현을 제대로 구사하라   38

    1. 원문의 연결성을 살려야 감칠맛 나는 번역이 된다 **39**
    2. 번역에 앞서 독자를 떠올려라 **43**
    3. 풍부한 표현력이 충실한 번역을 만든다 **46**
        번역 학습에 유용한 인터넷 사이트 **53**
    4. 이럴 땐 이런 사전 **62**
    5. 제목을 번역하는 방법 **80**
    6. 번역의 완성 단계별 안내 **85**

03 언어 외적인 요소가 중요하다   90

    1. 고유명사의 번역 방법 **90**
    2. 단위 번역 방법 **91**

Section 2.
번역 강의   97

번역 강의에 앞서 99

01 정치   102
1. 원문 102 2. 배경지식 103 3. 번역 강의 104 4. 영어 원문 활용법 113 5. 정치 분야 글 번역에서 주의해야 할 표현 115 6. 총정리 118

02 경제   120
1. 원문 120 2. 배경지식 121 3. 번역 강의 122 4. 영어 원문 활용법 130 5. 경제 분야 글 번역에서 주의해야 할 표현 134 6. 총정리 136

03 문학   141
1. 원문 139 2. 배경지식 141 3. 번역 강의 141 4. 영어 원문 활용법 152 5. 문학 분야 글 번역에서 주의해야 할 표현 155 6. 문학 번역의 특징 157 7. 총정리 159

04 과학   162
1. 원문 162 2. 배경지식 163 3. 번역 강의 164 4. 영어 원문 활용법 172 5. 과학 분야 글 번역에서 주의해야 할 표현 175 6. 총정리 178

05 예술   181
1. 원문 181 2. 배경지식 182 3. 번역 강의 183 4. 영어 원문 활용법 191 5. 예술 분야 글 번역에서 주의해야 할 표현 194 6. 이미지를 살리는 영상 번역 196 7. 총정리 198

06 정보통신   200
1. 원문 200 2. 배경지식 202 3. 번역 강의 202 4. 영어 원문 활용법 213 5. 정보통신 분야 글 번역에서 주의해야 할 표현 217 6. 총정리 219

07 기타   221
1. 원문 221 2. 배경지식 222 3. 번역 강의 223 4. 영어 원문 활용법 231 5. 번역에서 주의해야 할 표현 235 6. 총정리 237

부록 239

section 1

좋은 번역이란?

요즘엔 결혼 상대도 결혼정보회사를 통해 소개를 받습니다. 그런 회사들이 제공하는 정보가 더 신뢰성이 있다고 생각하기 때문인 것 같습니다. 결혼 성공률을 높이려면 두 사람을 소개하는 중매자의 역할이 참으로 중요합니다. 두 사람을 잘 파악하여 서로 잘 어울릴 만한 사람들을 소개해야 결혼으로 이어질 수 있기 때문입니다. 한 언어를 다른 언어권에 소개하는 번역사의 역할도 이와 비슷합니다. 양쪽 언어의 차이점을 잘 알고, 또한 배경이 되는 문화를 잘 알아야 정확하고 좋은 번역이 나오기 때문입니다. 결혼 성공률을 높이기 위해 만남 전에 여러 가지 준비를 하듯이, 번역을 잘하기 위해서도 번역에 필요한 공부와 준비가 잘되어 있어야 합니다. 번역에 '영한 번역'만 있는 것은 아니지만, 이 책에서는 우리나라에서 가장 수요가 많은 '영한 번역'을 기본으로 해서 살펴보겠습니다.

01 두 언어의 구조적 차이를 반영하라

번역 강의를 하다 보면 초반에는 많은 학생들이 영어를 우리말로 옮기는 '영한 번역'을 우리말을 영어로 옮기는 '한영 번역'보다 훨씬 수월하게 느끼는 것 같습니다. 하지만 수업이 계속될수록 영한 번역이 더 어렵다는 얘기를 더 자주 듣습니다. 이처럼 실제로 부딪혀 보면 생각했던 것과 정반대인 경우가 많습니다. 말하기보다 듣기가 더 어렵고 동시통역보다는 청중을 향해 통역하는 순차통역이 더 어려운 것처럼 말입니다.

많은 학생들이 번역하려는 텍스트에서 모르는 단어는 하나도 없는데 아무리 봐도 무슨 내용인지는 모르겠다고 고민합니다. 막연히 영한 번역은 쉬울 것이라고 생각할지 모르지만 실제 영한 번역을 의뢰하는 텍스트는 결코 만만하지 않습니다. 복병이 아주 많습니다. 쉬운 텍스트를 번역 의뢰하는 사람이 요즘 세상에 얼마나 되겠습니까? 영한 번역을 의뢰하는 경우는 다음의 두 가지 경우가 대부분입니다.

첫 번째는 번역 분량이 많은 경우입니다. 요즘은 적은 분량의 영한 번역은 회사나 조직 내에서 자체적으로 해결하는 경우가 많습니다. 제가 처음 통번역을 시작했을 때만 해도 작업을 위해 만난 사람들의 토익 실력이 700점이면 잘한다고 했습니다. 하지만 지금은 900점이 넘는 것은 기본이고 만점에 가까운 이들도 적지 않습니다. 그러니 자체적으로 할 수 없을 정도로 많은 분량인 경우에만 번역을 의뢰하는 게 어쩌면 당연한 일입니다.

두 번째 경우는 텍스트가 까다롭거나 어려운 경우입니다. 특히 전문 분야, S/W 등 기술 관련 분야, 계약서, 협의서 등은 메일 송신을 하지 않고 파우치 형태로 국내외로 이동되는 경우가 많아 부피를 줄이기 위해 글자 크기가 6 정도밖에 되지 않습니다. 그래서 한 페이지를 번역하고 나면 분량과 전문적인 내용 때문에 지금 하고 있는 번역이 정신노동인지, 육체노동인지 분간이 안 될 정도입니다. 또 행간도 좁아서 자칫하면 한 줄을 건너뛰고 번역할 위험도 큽니다.

'FTA 협정문 오역'이 사회적으로 파문을 일으킨 적이 있는데, 그 역시 이런 문서 형태와 무관하지 않다고 봅니다.

```
Ex
```

INITIAL PROVISIONS AND DEFINITIONS
Section A: Initial Provisions
ARTICLE 1.1: ESTABLISHMENT OF A FREE TRADE AREA
Consistent with Article XXIV of GATT 1994 and Article V of GATS, the Parties hereby establish a free trade area in accordance with the provisions of this Agreement.
ARTICLE 1.2: RELATION TO OTHER AGREEMENTS
1. The Parties affirm their existing rights and obligations with respect to each other under existing bilateral and multilateral agreements to which both Parties are party, including the WTO Agreement.
2. For greater certainty, this Agreement shall not be construed to derogate from any international legal obligation between the Parties that provides for more favorable treatment of goods, services, investments, or persons than that provided for under this Agreement.
ARTICLE 1.3: EXTENT OF OBLIGATIONS
The Parties shall ensure that all necessary measures are taken in order to give effect to the provisions of this Agreement, including their observance, except as otherwise provided in this Agreement, by regional levels of government…

또 다른 이유는 협상에 참여했던 담당자들이 번역에도 참여하는 것이 바람직함에도 실제는 그렇게 되지 않기 때문입니다. 번역사 개인의 배경지식에는 한계가 있습니다. 그러므로 외교부뿐 아니라 협상에 참여한 각 부서의 담당자들도 번역 과정에 참여하여 번역 내용을 한 번씩이라도 확인해야 합니다. 하지만 담당자들이 협상 후 자리를 옮기는 경우가 많아 현실적으로 어려움이 있습니다.

한편 번역사가 특히 유의해야 할 사항은 클라이언트(번역 의뢰인)의 번역물에 대한 눈높이가 높아졌다는 것입니다. 클라이언트들은 그 분야의 전문가들입니다. 따라서 번역을 할 때는 그 분야에서 사용되는 용어와 개념 등에 주의하면서 번역하고 반드시 최종 확인을 해야 합니다. 특히 요즈음에는 과거에 전문 지식에 속했던 내용이 일반인을 위한 책으로 번역되는 경우가 많습니다. 따라서 일반인의 눈높이에 맞추어 번역해야 하는데, 이런 경우는 그 분야 전공자도 번역하기가 까다롭다고 합니다.

번역을 하는 동안 제가 의도적으로 자주 되새기는 조훈현 국수의 일화가 있습니다. 그는 자신이 하수였을 때 가끔 국수들이 어이없는 실수를 하는 것을 보며 어떻게 저런 터무니없는 실수를 할까 의아해했답니다. 그런데 자신이 국수가 되고 나서 보니 똑같은 실수를 하고 있더랍니다. 결국 초발심의 문제입니다. 익숙하다고 방심하면 실수를 저지르게 되는 것입니다.

번역할 원문은 가진 게 많습니다. 다의어, 속담이나 관용 표현, 그리고 그 언어권에서만 쓰이는 고유명사(인명, 지명, 기관명) 등 번역의 위험 요소들을 많이 가지고 있습니다. 그러므로 번역사가 번역을 잘하려면 다문화 가정의 문화 충돌만큼이나 많은 충돌을 통해 다양한 배경지식을 학습하고 이해하여 내 것으로 만들어야 합니다. 그리고 원문이 가지고 있는 여러 위험 요소들을 해결하기 위해서는 단계별 접근법이 필요합니다.

운전을 처음 배울 때 정석으로 배운 사람은 평생 정석으로 운전하지만 그렇지 않은 사람은 평생 위험한 운전 습관을 갖게 됩니다. 그러므로 번역도 처음부터 올바른 습관을 가지고 시작하는 것이 좋습니다.

영어와 우리말은 그 구조가 다릅니다. 그러니 당연히 번역할 때 원문의 문장 구조에서 벗어나 우리말 구조로 번역해야 독자에게 의미가 잘 전달될 것입니다. 학생들에게 번역을 시켜 보면 원문의 주어, 서술어, 목적어를 그대로 주어, 서술어, 목적어로 번역합니다. 당연히 의미 전달에 지장이 생깁니다. 원문과는 다른 우리말 구조로 번역하기 위해서는 정말 많은 학습과 연습이 필요합니다. 일례로 구글에서 제공하는 영한 번역 서비스를 이용해 보면, 글자는 분명 한글인데 무슨 뜻인지 알 수 없는 이상한 번역을 볼 수 있습니다. 영어가 한글로 글자만 바뀌었을 뿐 문장 구조는 영어 그대로이기 때문입니다.

그러면 이제부터 좋은 번역이란 어떤 것인지에 대해 구체적인 예를 들어 가며 살펴보겠습니다.

1. 영어와 한국어는 주어나 목적어와 소유격에 쓰이는 대명사 구조가 다르다

영어는 주어인 I, You 등이 반드시 있어야 문장이 성립되지만, 우리말은 주어를 생략하는 경우가 많고 또 대명사를 쓰지 않습니다. 때문에 영어의 대명사는 명사로 번역하거나 생략합니다.

Ex 1 The famous painter Picasso was having lunch with some friends in his house. One of them looked around and said, "**I** notice **you** don't have any Picassos on **your** walls. Don't **you** like **them**?" "On the contrary," Picasso replied, "it is just that **I** can't afford **them**."

번역사례 유명한 화가인 피카소가 그의 집에서 친구들과 점심 식사 중이었다. 그들 중 한 명이 둘러보고는 말했다. "**저는 당신이 당신 벽에** 피카소 작품을 가지고 있지 않는 것이 보입니다. **당신은 그것들을** 좋아하지 않으십니까?" "**저는 그것들을** 살 형편이 안 됩니다."

수정번역 유명한 화가인 피카소가 자택에서 친구들과 점심을 하고 있었다. 친구 중 한 명이 둘러보더니 말했다. "피카소 씨 집에는 자신의 작품이 한 개도 없습니다. 본인 그림이 마음에 들지 않으신가요?" "너무 비싸서 제 그림을 갖고 있을 형편이 안 됩니다." (마지막 문장은 '비싸서요.' 라고만 번역해도 충분하지만 대명사 them을 설명하기 위해 전체를 번역합니다.)

위의 번역 사례처럼 영어의 대명사를 그대로 번역하거나 영어 문장의 주어나 목적어를 그 구조 그대로 번역하면 읽기가 불편합니다. 한번에 수정 번역처럼 번역하기가 어려우면 처음에는 번역 사례처럼 직역하고 그 후 우리말 구조를 고려하며 표현을 다듬는 것도 좋은 방법입니다.

2. 우리말 구조에 주의하자

영어와는 달리 우리말은 이름이 먼저 나오고 직함이 뒤에 붙습니다. President Obama를 '대통령 오바마' 가 아닌 '오바마 대통령' 으로 번역해야 하는 것입니다. 글자 그대로의 일대일 번역이 아닌 각 문맥에 맞는 의미를 찾아 그에 상응하는 우리말 표현으로 번역해야 합니다. 다음에서 그 예들을 볼 수 있습니다.

Ex 1 **Director James Cameron** is fifty-five. It has been twelve years since **Cameron** has started on a feature film; "Avatar," **The Oscar-winner** started working on it full time four years ago, from a script he wrote in 1994.

번역사례 **감독 제임스 카메론은** 오십오 세이다. 카메론이 〈아바타〉 영화를 제작한 지 12년이 되었다. **오스카상 수상자는** 1994년 자신이 쓴 극본을 가지고 4년 전 완전한 시간으로 아바타 제작을 시작했다.

수정번역 **제임스 카메론 감독은** 올해 쉰다섯이다. 카메론 감독이 〈아바타〉에 관여한 지도 12년이 되었다. **오스카상 수상 경력이 있는 감독은** 1994년에 직접 쓴 극본을 가지고 4년 전부터 아바타 제작에만 전념했다.

영어는 이름 앞에 직함을 붙이고 다시 호칭할 때는 직함 없이 이름만 언급합니다. 그러나 우리말로 번역할 때는 직함은 이름 뒤로 옮기고, 직함이 없을 때는 직함을 붙여 번역합니다. 그리고 같은 사람을 다른 표현으로 묘사하는 경우도 많기 때문에 동일인임을 알 수 있도록 번역합니다.

Ex 2 **President Obama and Canadian Prime Minister Harper** held a 45-minute press conference. **They** laid out shared goals for dealing with the global financial crisis, climate change and security issues

번역사례 **대통령 오바마와 캐나다 수상 하퍼 씨가** 45분 동안 기자회견을 가졌다. **그들은** 세계 금융위기, 기후변화 및 안보문제를 다루는 나누어진 목표를 제시했다.

수정번역 **오바마 미국 대통령과 하퍼 캐나다 수상은** 45분 동안 기자회견을 가졌다. **양국 정상은** 세계 금융위기 및 기후변화와 안보문제 등 공동 관심사를 밝혔다.

직함을 이름 뒤로 옮겨 번역하고, 두 번째 문장의 **they**는 오바마 대통령과 하퍼 수상을 가리키지만 반복해 쓰기보다는 그 두 사람을 가리키는 '양국 정상'이라는 우리말 표현으로 번역합니다.

Ex 3   **The late president** was buried in National Cemetery. **He** was a leading figure of democratic movement.

번역사례 **돌아가신 대통령이** 국립묘지에 묻혔습니다. **그는** 민주운동을 이끈 인물이었습니다.

수정번역 **대통령이** 국립묘지에 안장되었습니다. **고인은** 민주운동의 지도자셨습니다.

문장이 국립묘지에 관한 내용이라서 The late는 번역을 하는 것이 오히려 사족처럼 느껴집니다. 그리고 was buried는 주어에 따라 표현이 달라져야 하는데, 주어가 대통령이니 그에 상응하는 표현으로 번역합니다. He는 우리말에서는 대명사를 쓰지 않으니 '그'가 아닌 '대통령'으로 번역할 수 있습니다. 하지만 한 번 더 생각해 문맥 안에서 더욱 적절한 표현인 '고인'으로 번역했습니다.

3. 동일 인물을 가리키는 표현이 다양하다

영어는 동일한 사람을 때론 이름으로, 때론 성으로 부르는 경향이 있습니다. 또한 동일한 인물을 다양한 방식으로 표현합니다. 예를 들면 the former first lady(전 영부인), the NY senator(뉴욕 상원의원), the former Secretary of State(전 국무장관), the author of *It takes a village to raise a child*(『아이를 기르려면 마을이 필요하다』의 저자), the potential democratic presidential contender(민주당 대권주자)는 모두 Hillary Clinton을 가리키는 말입니다. 이는 같은 표현을 반복해서 사용하는 것을 피하기 위한 방법입니다. 그러나 번역 시 영어 원문 그대로를 번역하면 독자가 각각 다른 사람인 것으로 잘못 이해할 수 있으므로 동일인임을 알 수 있는 번역이 필요합니다.

Ex **Mrs. Pontellier** did not think so. After surveying the sketch critically she crumpled them. "**Edna**, are you taking a walk?" Robert asked. "Oh, no…," **Edna Pontellie**r said. (from *the Awakening** by Kate Chopin)

번역사례 **폰텔리어 부인**은 그렇게 생각하지 않는 것 같다. 그림을 비난스럽게 본 후에 그것들을 구겨 버렸다. "**에드나**, 산보 갈래요?" 로버트가 물었다. "아니요." **에드나 폰텔리어**가 말했다.

수정번역 **에드나 폰텔리어 부인**은 불만스러워 보였다. 그림을 못마땅하게 보더니 이내 구겨 버렸다. "**에드나**, 같이 산책 갈까요?" 로버트가 제안했다. "내키

---

* *the Awakening*은 사회가 요구하는 여성의 역할에 순응하던 에드나 폰텔리어가 자아를 발견하면서 좌절하고 삶을 포기하는 1900년경 페미니즘 문학의 대표작이다.

지 않아요."라고 **에드나**는 말끝을 흐렸다.

전체 이름을 주로 달든지 또는 동일인임을 알려 주는 번역을 합니다.
한 가지 덧붙이자면, 마지막에 나온 "Oh, no…,"는 두 가지로 번역할 수 있습니다. 실제로 말을 한다고 가정하면, 같은 말이지만 강하게 말할 수도 있고 약하게 말할 수도 있습니다. 또 표정과 말이 다를 수도 있습니다. 소설 번역은 등장인물들의 관계가 드러나는 이런 부분의 번역이 중요합니다. 하지만 이를 글로만 표현하기는 쉽지 않습니다. 같은 말도 상황이나 인간관계에 따라 "가기 싫어요."나 "글쎄요." 또는 "아니라고 하면서 가고 싶어 하는 눈치였다." 등 다양한 번역이 가능합니다. 어떻게 번역할지는 전체 내용을 토대로 판단합니다.

4. 동사는 처음 생각나는 뜻보다 문맥 안에서 필요한 뜻을 찾아보자

과학자가 되는 일은 '모든 일에 의문을 갖는 것'에서 시작한다고 하는데, 번역을 하면서 표현을 선택할 때도 마찬가지입니다. 번역은 단순히 외래어를 한글로 바꾸는 것이 아닙니다. 특히 동사는 영한 번역에서 문장 끝에 오므로 그 문장을 읽은 독자에게 여운을 남기기 때문에 임팩트가 큽니다. 처음 생각나는 뜻이 '과연 이 문장에 적합한가?'라는 의문을 가지고 다른 뜻을 찾아내야 차별화된 번역이 됩니다. 아래의 예처럼 experience는 '경험하다'라는 처음에 생각나는 뜻을 버리고 다시 생각해 보면 '겪어 보니'나 '지나고 보니' 등의 다양한 번역이 가능합니다.

The **experience** has taught me that time heals everything.
지나고 보니 시간이 약이라는 것을 알게 되었습니다.

또 동사에 수반되는 목적어에 따라다니는 우리말 동사 표현을 찾아 번역해야 합니다. 예를 들어 achieve educational reform은 achieve(성취하다) 따로, educational reform(교육 개혁) 따로 번역해서 '교육 개혁을 성취하다'로 번역하는 것이 아니라 목적어 reform(개혁)에 따라다니는 동사 '달성하다'를 선택하여 '교육 개혁을 달성하다'로 번역해야 자연스런 언어 조합이 됩니다.

다른 예를 하나 더 살펴보면 "The distinction evaporated."를 그대로 번역하면 '경계가 증발되다.'이지만 '경계'와 조합을 이루는 우리말 동사 표현을 찾아 번역하면 '경계가 사라지다.'가 됩니다.

> 번역을 하려면 선택을 받아야 하고 선택을 받으려면 남과 차별화된 번역을 해야 합니다. 번역사를 뽑을 때는 텍스트를 현장에서 주거나 이메일로 주고 먼저 번역을 하게 합니다. 클라이언트는 그렇게 제출된 번역 중에서 선택하는 겁니다. 그러니 남들이 쓰는 똑같은 표현과 구조로 번역해서는 '남을 앞서는 번역'을 할 수 없을 것입니다.

이제 다양한 예문을 통해 동사 번역에 대해 알아보겠습니다.

Ex 1 They **left** the store.

번역사례 그들은 가게를 **떠났다**.

수정번역 그들은 가게에서 **나갔다**.

leave는 '떠나다'의 의미이므로 '그들은 가게를 떠났다.'로 번역하기 쉽지만 우리가 쓰는 표현을 생각하면 '가게에서 나갔다.'가 어울리는 단어 조합입니다.

Ex 2 We should **explore ways** to improve the current status.

번역사례 현 상황을 개선할 **방법을 탐색**해야 한다.

수정번역 현 상황을 타개할 **방법을 모색**해야 한다.

탐색은 '드러나지 않은 사물이나 현상 따위를 찾아내거나 밝히기 위하여 살피어 찾음'이고, 모색은 '일이나 사건 따위를 해결할 수 있는 방법이나 실마리를 더듬어 찾음'이니 explore 원래의 뜻인 '탐색'보다 목적어인 ways와 어울리는 '모색'으로 번역합니다.

Ex 3 The Congress **killed** the bill.

번역사례 의회가 법안을 **죽였다**.

수정번역 의회가 법안을 **백지화시켰다**.

kill이 가진 뜻을 가지고 그대로 번역을 할 것이 아니라 bill과 어울리는 단어를 찾아 번역합니다.

Ex 4 The exercise is designed to **develop** the shoulder and back muscle.

번역사례 이 운동은 어깨와 등 근육을 **발달**시키기 위해 만들어졌다.

수정번역 이 운동은 어깨와 등 근육을 **강화**하는 것이 목적이다.

'근육' 다음에 나오는 develop의 적절한 표현을 찾아야 합니다. '근육을 키우다', '근육을 만들다' 등으로도 번역할 수 있습니다.

> 근육을 키우기 위해 먹는 닭고기 부위는 가슴살입니다. 그러면 마음이 불안할 때는 닭의 어떤 부위를 먹으면 좋을까요? 수업 시간에 이런 질문을 하면 학생들은 뭘까 하는 표정을 짓다가 제가 "안심살입니다."라고 하면 그 즉시 '헐~' 하는 표정이 됩니다.
> 하지만 플라시보 효과(위약효과)가 입증하듯이 우리를 지배하는 것은 몸이 아니고 우리의 머리입니다. 그러니 자기 아이가 차 밑에 깔린 것을 본 엄마가 아이에게 달려가 그 무거운 차를 들어 올리는 놀라운 힘을 발휘할 수 있는 것이겠지요.
> 숨은 능력을 많이 가지고 있는 우리들입니다. 그러나 숨겨진 능력은 나의 능력을 벗어나는 듯 보이는 어렵고 힘든 일에 직면했을 때 발휘됩니다. 그 힘든 일을 극복하면서 우리는 성장하고 더욱 강해집니다.

5. 한 줄 걸러 나오는 say나 tell은 의미를 세분화시키자

수업 중에 한 학생이 영어는 왜 그렇게 say를 밥 먹듯이 많이 쓰는지 모르겠다고 한 적이 있습니다. 우리 문화는 직접 따지기보다는 '내 맘 알겠지.' 또는 '그래서 그랬겠지.' 와 같은 추측이 많은 반면 서양 문화에서는 추측하는 대신 모든 것을 분명하게 직접 말하기 때문일 거라고 설명했었지요.

하지만 같은 say라 해도 문맥에 따라 의미가 다릅니다. 영어는 우리말보다 분화가 덜 되어 있어서 영어에서 똑같이 say를 쓰는 경우라도 우리말에서는 문맥에 따라 모두 다르게 번역되어야 합니다. 다른 예로 우리말로는 '옷을 입다', '양말을 신다', '반지를 끼다', '핸드백을 들다' 등 전혀 다르게 표현되는 행동을 영어에서는 wear라는 한 단어로 표현합니다. 그래서 외국에서 어린 시절을 보낸 학생들은 종종 '옷도 입고 양말도 입는다'는 식의 말실수를 합니다.

예를 하나 더 들어 보면 "He lost a lot of blood / hairs / the game / the way / weight."라는 문장을 보면 모두 lose라는 동사를 사용하지만 뒤에 붙는 말에 따라 우리말로는 '피를 많이 흘리다', '탈모되다', '게임에 지다', '길을 잃다', '살이 빠지다' 등으로 다양하게 번역됩니다.

say나 tell의 우리말 번역도 마찬가지입니다. 어떤 표현을 선택할 것인지는 말하는 사람의 직업이나 상황에 따라 결정합니다. 한영 번역을 할 때는 반대로 '전달하다', '진단하다', '판정하다'를 각각 deliver, diagnose, rule 등으로 번역하는 대신 say나 tell로 번역합니다.

Ex 1   The doctor **said** that his wife was terminally ill.

번역   의사는 그의 아내가 불치병에 걸렸다고 **진단했다**.

Ex 2   The spokesman **says** the president will visit China.

번역   대변인은 대통령의 중국 방문을 **발표했다**.

| Ex 3 | The judge **said** in favor of the defendant.

| 번역 | 판사는 피고인에게 유리한 **판결을 내렸다**.

| Ex 4 | The umpire **said** the player was out.

| 번역 | 심판은 선수에게 퇴장을 **명했다**.

| Ex 5 | He **said to** her that some circumstances prevented him from keeping his promise.

| 번역 | 그는 그녀에게 사정이 있어 약속을 못 지켰다고 **해명했다**.

약속을 못 지킨 이유를 설명한 것이니 문맥상 '해명하다' 가 자연스럽습니다.

| Ex 6 | The lady **said to** the bereaved wife that she should concern her health.

| 번역 | 그 부인은 미망인에게 몸을 생각하라며 **위로했다**.

대화 상대가 미망인이라는 점을 생각하며 표현을 찾습니다.

| Ex 7 | The lady **said to** him, "Please run to the store and get me an ice cream."

| 번역 | 그 부인은 그에게 "빨리 아이스크림을 사다 줄래."라고 **부탁했다**.

6. 원문과 다르게 긍정은 부정으로, 부정은 긍정으로!

번역 후 원문에서 받은 어감을 제대로 살리지 못했다고 생각될 때, 즉 의미 전달이 부족하다고 느낄 때 쓰는 방법입니다. 이 방법은 영상 번역에서 자주 활용됩니다. 그 이유는 영상 번역은 한 화면당 제공되는 약 3초의 시간 안에 시청자가 화면과 자막을 동시에 보고 읽어야 하기 때문에 글자 수가 제한될 뿐 아니라, 자막 내용을 시청자가 쉽게 이해하도록 번역하되 다음 장면과의 연결까지 고려해야 하기 때문입니다.

| Ex 1 | **Wake up**!

| 번역사례 | 깨어나!

| 수정번역 | 졸지 마! / 안 일어나!

| Ex 2 | He is **not subtle**.

| 번역사례 | 그는 **미묘하지 않아**.

| 수정번역 | 막 **들이대더라**.

| Ex 3 | **I was awake** last night.

| 번역사례 | 나는 지난밤 **깨어 있었다**.

| 수정번역 | 나는 간밤에 **한잠도 못 잤다**.

| Ex 4 | **Without compromising** the quality of service, we can reduce the cost.

| 번역사례 | 서비스의 질을 **협상 없이** 우리는 비용을 줄일 수 있다.

| 수정번역 | 서비스의 질을 **유지하면서** 비용은 줄일 수 있다.

| Ex 5 | I'm **not going to break** new year's resolution.

| 번역사례 | 나는 새해 결심을 **깨지 않을 거야**.

| 수정번역 | 새해 결심을 **꼭 지킬 거야**.

여러분의 새해 결심은 무엇인가요? 시간은 나의 의지와는 관계없이 흐르고 김광석의 〈서른 즈음에〉의 가사처럼 "내가 떠나보낸 것도 아닌데 내가 떠나온 것도 아닌데" 올해의 마지막 날도 다가올 것입니다. 그리고 보신각의 종소리가 울리며 또 다른 새해가 시작되겠지요. 하지만 무의미하게 가고 오는 날이라면 새해는 특별한 의미를 갖지 못할 겁니다.
그러니 자신과의 게임을 시작해야 합니다. 결심을 세우고 연말까지 지키는

> 게임입니다. 그래서 연말까지 잘 지켰다면 12월 31일 의식을 거행하십시오. 자신의 머리를 쓰다듬어 주며 "수고 많았다."고 토닥거려도 주고 "내년에도 너만 믿는다."고 말해 줍니다. 거울을 보며 "네가 최고야!" 하고 외쳐봅니다. 열심히 살 수 있는 에너지를 받는 순간입니다.

7. 영어의 형용사는 우리말의 서술어나 부사어로 번역하자

영어는 명사 앞에 형용사를 쓰는 '형용사 + 명사' 구조가 많습니다. 이것을 우리말로 옮길 때는 명사는 주어로, 형용사는 서술어로 바꾸어야 의미가 잘 전달됩니다. 영어의 구조를 그대로 두고 번역해도 의미 전달에 무리가 없는 경우도 있지만 대부분은 문장 성분을 바꿔서 번역해야 전달력이 높아집니다.

| Ex 1 | There are **many people** in the park.

| 번역사례 | 공원에는 **많은 사람**이 있다.

| 수정번역 | 공원에는 **사람이 많다**.

| Ex 2 | They gave me a **generous** portion of food.

| 번역사례 | 그들은 우리에게 **관대한** 양의 음식을 주었다.

| 수정번역 | 그들은 우리에게 음식을 **푸짐하게** 주었다.

| Ex 3 | I had a **disturbed sleep** last night.

번역사례   나는 지난밤 **방해받은 잠을 잤다**.

수정번역   나는 지난밤 **잠을 설쳤다**.

| Ex 4 | He has **much skill** in teaching.

번역사례   그는 가르치는 데 **많은 기술을** 가지고 있다.

수정번역   그는 강의를 **잘한다**.

8. 영어의 부사는 서술어로 번역하자

영어는 수식이 많은 언어여서 그런지 '부사 + 동사' 구조가 많습니다. 그런 구조를 우리말로 번역할 때는 부사를 서술어로 번역해야 자연스럽습니다.

| Ex 1 | Samsung **reportedly donated** $1 million to the charity foundation.

번역사례   삼성이 **보도에 따르면** 자선재단에 백만 불을 **기부했다**.

수정번역   삼성이 자선단체에 백만 불을 **기부했다고 보도되었다**.

| Ex 2 | She **mistakenly believed** that he was trustworthy.

| 번역사례 | 그녀는 **잘못하게도** 그가 진실하다고 **믿었다**.

| 수정번역 | 그 남자가 진실하다고 **믿은 것이 그 여자의 실수다**.

| Ex 3 | North Korea **successfully enriched** Uranium.

| 번역사례 | 북한은 **성공적으로** 우라늄을 **농축시켰다**.

| 수정번역 | 북한은 우라늄을 **농축시키는 데 성공했다**.

그 밖에도 다음과 같은 예가 있습니다.

tearfully delighted(기뻐하며 눈물을 흘리다) / immensely affected(피해 범위가 크다) / blindly support(후원을 아끼지 않다) / slightly increase(상승폭이 작다) / widely criticize(비난이 심하다) / undoubtedly prove(사실이 틀림없다)

9. 영어의 무생물 주어는 '~해서/~한다면/~때문에' 등 부사구로 번역하자

영어는 무생물이 주어가 되는 문장도 많지만 우리말은 거의 사람이 주어입니다. 그러므로 영문을 번역할 때는 무생물 주어를 그대로 주어로 번역해서는 안 되고, 문장 중에 나오는 사람을 주어로 번역하거나 주어를 생략합니다. 그럴 경우 무생물 주어는 자연스럽게 '부사구'로 번역합니다.

| Ex 1 | **His eloquence** struck me dumb.

번역사례　그의 웅변은 나를 벙어리가 되게 했다.

수정번역　그의 말솜씨에 깜짝 놀랐다.

Ex 2　**Spring** brings warm weather and flowers.

번역사례　봄은 따뜻한 날씨와 꽃을 가지고 온다.

수정번역　봄이 오면 날씨도 좋고 꽃도 핀다.

Ex 3　**Snacks rich in sugars** may result in a greater incidence of tooth decay.

번역사례　설탕이 많은 든 간식은 충치가 생길 더 큰 발병률을 초래할 수 있다.

수정번역　설탕이 많이 든 간식을 먹으면 충치가 쉽게 생길 수 있다.

Ex 4　**Repeated failure** drove him to a loss of his confidence.

번역사례　반복되는 실패는 그 남자가 그의 자신감을 잃게 몰아갔다.

수정번역　실패가 거듭되자 그 남자는 자신감을 잃었다.

Ex 5　**The wise use of technology** improves the cost-effectiveness of education.

번역사례 기술의 현명한 사용이 교육의 비용 효과를 증가한다.

수정번역 기술을 잘 사용하면 고효율적인 교육 효과를 가져올 수 있다.

10. 영어의 문장부호는 접속사의 의미다

영어 문장에는 period(.), comma(,), colon(:), semicolon(;), dash(-), parenthesis ( ), bracket[ ] 등 다양한 문장부호가 쓰입니다. 이 중 colon과 semicolon, dash 등은 접속사를 대신합니다. 하지만 우리말 문장에서는 이러한 문장부호를 사용하지 않으므로 대신 접속사의 의미를 넣어 번역합니다.

❶ colon(:)은 앞부분에 대해 설명할 때 쓰는 것으로 적절한 접속사의 의미를 넣어 번역합니다.

Ex 1 We decided not to go this week**:** we had too little time.

번역 이번 주말에는 가지 않기로 했다. 시간이 너무 **없기 때문이다**.

Ex 2 We have three kinds of support from our family**:** mental, psychological, financial.

번역 우리는 가족에게서 정신적, 심리적, 물질적 지원을 **받고 있다**.

❷ semicolon(;)은 두 개의 문장이 의미상으로 밀접하게 연결되어 있을 때 사용합니다.

Ex   Some people work best in the mornings; others do better in the evenings.

번역   아침형 인간과 저녁형 인간이 있다.

❸ dash(-)는 기본적인 의미는 colon이나 실제로는 semicolon의 의미로 쓰이므로 문장의 전후 관계에 따라 적절히 번역합니다.

Ex 1   There are three things I like most-books, smart phone, I-pad tablet computer.

번역   나의 애장품 세 가지는 책과 스마트폰과 아이패드 태블릿 컴퓨터이다. (colon의 의미)

Ex 2   A fool babbles continuously-a wise man holds his tongue.

번역   어리석은 자는 말을 뱉고 현자는 말을 삼킨다. (semicolon 의미)

11. 직역과 의역

번역을 하다 보면 직역(literal translation)을 해야 하는 것인지, 의역(liberal

translation)을 해야 하는 것인지 망설여질 때가 있습니다. 영어학의 '화용론(Pragmatics)' 과 연결되는 부분인데요. 가령 "오늘 영화 보러 가자."라는 제안에 "비가 올 것 같은데…."라고 답하는 경우, 그 사람의 대답 그대로 "비가 올 것 같은데…."로 할 수도 있고, 그 안에 함축된 의미를 풀어내 "오늘은 영화를 보고 싶지 않아."라고 할 수도 있습니다.

어느 쪽이 더 적절한지는 순간순간 번역사가 결정할 문제이지만, 직역과 의역의 경계선을 정할 때 기억해야 할 것이 있습니다. 바로 'Back translation(BT)' 입니다. 즉 원문을 번역(영어→한국어)하고 그 번역물(한국어)를 다시 원문의 언어로 번역(한국어→영어)해서 같은 함량의 의미가 나오는 데까지가 의역의 경계선입니다. 예를 들어 "You can't find anything wrong with him." 은 직역하면 '너는 그 사람이 잘못한 것을 찾을 수 없다.' 입니다. 하지만 '그는 털어서 먼지 날 게 없는 사람이다.' 라고 의역하면 전혀 다른 표현이지만 같은 의미를 지닌 번역입니다. 아래 예문을 통해 그 차이를 좀 더 살펴보겠습니다.

Ex 1　Foreigners tend to talk too much while Korean business people listen rather than talk. The Koreans also don't like to confront issues or people, and thus never say no. This means many inexperienced foreigners who are in sales positions think that all their prospect consumers are really going to buy. But the truth is that they won't. If a Korean said "if you work really well with us on this project" to you, it means "How much of a discount can you offer." "Maybe" usually means "No" and "Yes" means "Maybe."

직역　한국 사업가들은 말하기보다는 듣는 편인데 외국인들은 말을 너무 많이 하는 경향이 있습니다. 한국인들은 문제나 사람들과 대립하는 것을 좋아하지 않아서 결코 "아니요."라고 말하지 않습니다. 그래서 영업직에 있는 경험이 없는 많은 외국인들이 그들의 잠재 소비자가 정말 구입할 것이라고 생각합니다. 그러나 사실 그들은 구매하지 않을 것입니다. 만일 한국인이 "당신이 이번 사업에서 우리와 정말 잘 일해 보고 싶다면."이라고 말하면 그 의미는 "얼마나 할인해 줄 수 있느냐?"는 의미입니다. 보통 "아마도."는 "아니요."를 의미하며 "네."는 "아마도."를 의미합니다.

의역 듣는 편인 한국 사업가들에 비해 외국인들은 말이 많은 편입니다. 한국인들은 문제나 사람들과 각을 세우는 것을 꺼리기 때문에 그 자리에서 "아니요."라고 말하지 않습니다. 그래서 한국인과 상담한 경험이 적은 외국인들은 상담 중인 한국인이 구입할 의사가 확실하다고 생각합니다. 하지만 그렇지가 않습니다. 만일 한국인이 "이번에 우리에게 잘해 주시면."이라고 말하면 그 의미는 "단가를 낮춰 달라."는 주문이고, "글쎄요."는 "아니요."를 "알겠습니다."는 "생각해 보겠다."를 의미합니다.

앞의 직역을 읽어 보면 주거니 받거니 하는 말들이 매끄럽게 연결되지 않는 것을 확인할 수 있습니다. 표현이 문맥에 맞지 않아서 의미 전달이 어려워졌기 때문입니다. 하지만 의역을 보면 글자 자체가 아닌 전달하려는 의미 중심으로 번역되어 보다 매끄럽게 읽힙니다.

Ex 2 (After the interview)
Interviewer: Thank you.
Interviewee: Thank you.

__직역__   (면접을 마치고)

면접관: 감사합니다.

지원자: 감사합니다.

__의역__   (면접을 마치고)

면접관: 수고했습니다.

지원자: 감사합니다.

면접을 마친 면접관과 지원자가 서로 감사하다고 인사를 하는 상황인데, 글자 그대로 '감사하다'로 번역하면 양쪽의 입장 차이를 알 수가 없습니다. 따라서 화자의 상황을 고려해서 번역해야 합니다.

__Ex 3__   "Who won two gold medals?"

__번역사례__   "누가 두 개의 금메달을 수상했습니까?"

__수정번역__   "금메달을 두 개나 수상한 주인공은 누구일까요?"

"누가 두 개의 금메달을 수상했습니까?"로 번역하는 것도 틀린 것은 아니지만, 두 개의 금메달을 수상한 사람을 부각시키기 위해 who를 강조하여 "금메달을 두 개나 수상한 주인공은 누구일까요?"로 번역할 수도 있습니다.

02 우리말 표현을 제대로 구사하라

번역을 시작하기 전에 원문의 연결성을 살려 통독하는 일은 대단히 중요합니다. 좋은 번역은 '잘 읽히는 번역'입니다. 잘 읽히는 번역이 되려면 독자의 시선을 붙잡는 번역이 되어야 하고, 그러기 위해서는 연결성이 탁월한 번역이어야 합니다. 원문은 '하나의 주제' 아래 '문장과 문장', '앞 문단과 뒤 문단'의 내용이 서로 연결되어 있습니다. 작가는 그 '연결성'을 눈에 보이게 하기도 하고 감추기도 합니다.

같은 글을 여러 번 읽으면 처음에는 보이지 않던 부분들이 눈에 들어옵니다. 작가는 재미를 위해 곳곳에 function이라 부르는 이야기의 고리를 걸어 놓습니다. 그런 부분을 파악해야 훨씬 재미있는 번역을 할 수 있는 것입니다. 그러므로 이야기의 고리를 찾는다는 목표를 가지고 '왜' 이런 이야기를 하고 있는지 질문하면서 원문을 읽어야 합니다.

1. 원문의 연결성을 살려야 감칠맛 나는 번역이 된다

배우 심혜진 씨가 영화를 찍는데, 하루는 감독이 불러서 대본을 읽어 보라고 했다고 합니다. 감독의 요구대로 대본을 읽다가 "문을 닫고 나간다."라는 지문이 있는 대목에서 감독이 그녀에게 '왜' 문을 닫고 나가냐고 질문했고, 순간 그녀가 머뭇거렸더니 대답을 찾으라고 했다고 합니다. 그때부터 그런 생각을 가지고 대본을 보니 전혀 다르게 보였다고 합니다. 일부 배우들에 대해 사람들이 '발연기' 운운하는 것은 표정 연기도 문제겠지만 대사에 제 색깔을 입히지 못하고 입 따로, 표정 따로이기 때문일 것입니다.

번역도 마찬가지입니다. 그렇다면 문맥에 맞는 표현과 구조를 갖추지 못한 번역은 '발번역'이라고 해야 할까요? 원문의 의미를 파악하지 못한 채 번역하면 글자 그대로 번역할 수밖에 없기 때문에 원문이 전달하려는 의미가 무엇인지 알 수가 없게 됩니다. '여기서 왜 이런 말을 했을까?' 생각하면서 텍스트를 보기 시작하면 정말 '원문을 분석하고 그 분석한 내용을 우리말로 새롭게 작문을 하는 것이 번역이구나.' 하는 생각을 하게 됩니다.

강의를 하다 보면 학기 초에 비해 실력이 눈에 띄게 좋아지는 학생들이 있습니다. 이유를 물어 보니, '왜'라는 질문을 포스트잇에 써서 컴퓨터 앞에 붙여 놓고 원문을 읽기 시작했더니 전에는 눈에 보이지 않았던 행간의 의미가 눈에 들어오기 시작했다고 하더라고요. 이런 과정을 통해 번역 실력이 좋아지는 이유는 원문의 연결성을 살려 번역할 수 있게 되기 때문입니다. 번역 전 통독을 하면서 저자와 대화를 통해 글자로 나타나지 않는 부분들을 읽어 내는 연습이 필요합니다.

이제 예문을 통해서 원문을 보이는 대로 번역한 것과 '왜'라는 질문을 통해 연결성을 살린 번역을 비교해 살펴보겠습니다.

Ex 1   The lady I love holds a MD degree. She is somewhat proud of herself. She holds that I have to pay for everything. This rule holds good in all cases. I have to pay for the clothes she buys in the department store. In addition to that, I have to follow her, holding the heavy shopping bags. We usually go to the large theater which can hold over 1,000 people. I have to pay for the tickets too. In the theater she always drinks coke and eats popcorn. I hold her back from eating too much because it is not good for her health.

번역사례   내가 사랑하는 아가씨는 의사 학위를 가지고 있다. 그녀는 다소 자신을 자랑스러워한다. 그녀는 내가 모든 것을 다 지불해야 한다고 주장한다. 이 규칙은 모든 경우에 다 적용된다. 백화점에서 그녀가 산 옷값도 내가 내야 한다. 그것뿐 아니라 나는 무거운 쇼핑백들을 들고 그녀를 따라다녀야 한다. 우리는 보통 천 명 이상을 수용하는 큰 극장에 간다. 영화표도 내가 지불해야 한다. 극장에서 그녀는 항상 콜라를 마시고 팝콘을 먹는다. 그녀의 건강에 좋지 않기 때문에 그녀가 너무 많이 먹지 않도록 말려야 한다.

수정번역   내 여친은 의사이다. 그래서 은근히 어깨에 힘에 들어가 있다. 데이트 비용은 당연히 내가 내는 걸로 되어 있다. 그뿐 아니다. 백화점에서 사는 그녀의 옷값도 내가 계산한다. 또 무거운 쇼핑백을 들고 여친 뒤를 졸졸 따라다녀야 한다. 여친님은 천 명 이상이 들어가는 대형 극장만 가신다. 물론 영화표도 내가 산다. 여친은 또 "영화 볼 때는 콜라와 팝콘이지."라며 꼭 챙긴다. 여친님 건강을 해치면 안 되니까 조금만 드시도록 하는 것도 내 몫이다.

첫 번째 번역은 원문에 코를 박고 번역한 것이고 두 번째의 번역은 의사를 여친으로 둔 남자와 대화를 나누면서 번역한 것입니다. 표현의 수위는 말할 것도 없고 내용 전달력이 확연히 다른 것을 알 수 있습니다. 번역이 일반적인 해석이나 독해와 다른 것은 글자만이 아닌 글에 나타나는 인물들의 관계 및 상황, 그리고 감정까지 전달되도록 해야 한다는 점입니다. 그러므로 '왜' 이런 말을 하고 있는지 꼭 되물어 보면서 번역해야 합니다.

Ex 2   Many couples get married in the spring. We also set our wedding day for March and got married. My wife set our wedding pictures down on her desk. Every morning, she looks at them and they make her happy. She enjoys setting the table for **her new family**.

번역사례   많은 부부들이 봄에 결혼을 한다. 우리 또한 3월에 결혼식 날짜를 정하고 결혼을 했다. 내 아내는 우리의 결혼식 사진을 그녀의 책상 위에 놓았다. 매일 아침 그녀는 그것들을 보고 그것들은 그녀를 행복하게 한다. 그녀는 **그녀의 새로운 가족**을 위해 식탁을 차리는 것을 즐거워한다.

수정번역   많은 부부가 봄에 결혼한다. 우리도 삼월에 결혼했다. 아내는 결혼식 사진을 책상에 올려놓았다. 매일 아침 아내는 그 사진을 보면서 행복한 미소를 짓는다. 그리고 **우리**를 위해 즐겁게 식탁을 차린다.

Ex 3   The government arranged a welcome sign reading LONG LIVE BILL AND MELINDA GATES! When Melinda confided that this "really isn't our preferred mode of transportation," one of the half dozen reporters in the group countered, "**I quite like it**."

번역사례 정부는 "빌과 멜린다 부부 건강하세요!"라고 쓰인 환영 간판을 준비했다. 멜린다가 이런 방식은 "자신들 부부가 좋아하는 여행 방식이 아니다."라고 털어놓자 일행 중 6명의 기자 중 한 명은 **"저는 그것이 아주 좋습니다."**라고 반박했다.

수정번역 정부는 '빌과 멜린다 부부 건강하세요!'라고 쓰인 환영 문구를 준비했다. 멜린다가 이런 소란스러운 여행을 불편해하자 동석한 여섯 명의 기자 중 한 명이 **"저는 취재거리가 많아서 좋습니다."**라며 흡족해했다.

    마지막의 "I quite like it."을 있는 그대로 번역하면 왜 좋다고 하는지가 애매한 번역이 됩니다. 기자의 입장에서 '왜' 그런 말을 했는지 생각해 보고 번역하면 내용을 충실히 전달할 수 있습니다.

Ex 4 FIVE YEARS AGO, **the motivational speech** was all the go. Every couple of weeks, an American author would tell us all to work harder. We should always "go that extra mile." We should strive to be "the best we could possibly be."

    Now, suddenly, it's all changed. **The anti-motivational speech** is the new thing. Every second week, another American author is in town telling us that we should all work less. We should make sure we smell the roses. We should remember that worldly success does not bring happiness.

번역사례 오 년 전, **동기 부여 연설**이 인기였습니다. 이 주일마다 미국 작가는 우리에게 열심히 일할 것을 독려했습니다. "조금 더 일해야 한다."고 강조했습니다. "가능한 최선을 다해야 한다."고 했습니다.

이제 돌연 아주 반대의 말을 하기 시작합니다. **반동기 부여 연설**이 부각되고 있습니다. 이 주일마다 새로운 미국 작가가 우리 동네에 와서 우리에게 일을 줄일 것을 당부합니다. 장미 향기를 맡는 여유를 가져야 한다고 합니다. 세속의 성공이 행복을 보장하는 것은 아니라는 것을 명심하라고 합니다.

수정번역   오 년 전, **열심히 일해야 한다는 주제의 연설**이 인기였습니다. 이 주일마다 미국 작가는 우리에게 열심히 일할 것을 독려했습니다. "조금 더 일해야 한다."고 강조했습니다. "가능한 최선을 다해야 한다."고 했습니다.

이제, 돌연 정 반대의 말을 하기 시작합니다. **쉬면서 일하라는 연설**이 부각되고 있습니다. 이 주일마다 새로운 미국 작가가 우리 동네에 와서 우리에게 일을 줄일 것을 당부합니다. 장미 향기를 맡는 여유를 가져야 한다고 합니다. 세속의 성공이 행복을 보장하는 것은 아니라는 것을 명심하라고 합니다.

motivational speech는 글자 그대로 '열심히 일하라는 동기를 부여하는 연설'로 번역할 수 있지만, 그다음 문단의 anti-motivational speech는 글자 그대로 '동기를 저해시키는 연설'로 번역해서는 안 됩니다. 문맥의 의미를 살려 '열심히 일하라는 연설'과는 반대의 의미로 '쉬면서 일하라는 연설' 혹은 '여유를 가지고 일하라는 연설'로 번역하면 좋습니다.

2. 번역에 앞서 독자를 떠올려라

통역은 자신의 통역을 들을 대상인 청중이 한눈에 파악되지만 번역은 자신의 글을 읽을 대상인 독자의 파악이 어렵습니다. 예를 들어 전문 서적이라면 대개 독자가 그 분야의 전문가이기 때문에 그 분야의 전문 용어를 일일이 설명하지 않고 그 용어 그대로 쓰는 것이 깔끔한 번역입니다. 하지만 독자가 일반인이라면 얘기는 달라집니다. 전문 용어에 주석을 달든지, 괄호 안에 설명을 넣든지 독자의 이해를 돕기 위한 장치를 덧붙여야 합니다. 번역은 연령층에 따라서도 달라지기 때문에 성인, 청소년, 유아 등 독자층을 분명히 정해 놓고 번역에 들어가야 합니다. 결국 같은 원문이라 해도 글을 읽을 독자에 따라 다르게 번역되어야 한다는 말입니다. 해당 연령층을 위한 도서들을 살펴본 후 번역을 시작하면 수위를 조절하는 데 도움이 됩니다.

다음은 같은 원문을 성인과 초등학교 1, 2학년 어린이를 대상으로 다르게 번역한 것입니다.

Ex 1 Australia's underground water reserves are much larger than those on the surface, but as they are unseen we tend to underestimate them. It is vitally important that we make use of these underground reserves, but never haphazardly. We need to find out how the supply of water is renewed and, if this water is used, what effect it will have on the discharge and future level of the water table. In other words, we need to conserve water.

성인 호주의 지하수 보유량은 지표수를 능가하지만 그 유용성이 간과되어 왔다. 지하수를 이용하는 것도 중요하지만 무분별한 개발은 경계해야 한다. 물이 보충되는 방식을 파악하고 향후 물 공급과 보유량에 미칠 영향도 살펴보아야 한다. 즉 물 보유량이 유지되도록 주의를 기울여야 한다.

어린이 캥거루와 코알라의 나라 호주에는 땅 밑에 물이 많이 숨어 있어요. 사실 눈에 보이지 않기 때문에 별로 없다고 생각하기 쉬운 곳이지요. 호주의 물 부족 문제를 해결하려면 땅 밑에 있는 물을 이용하면 되지만, 그렇다고 함부로 사용해서는 안 돼요. 우선 물이 얼마나 있는지, 그 물을 사용하게 되면 어떻게 될지를 먼저 따져 보아야 해요. 당장 필요하긴 하지만 미래를 생각해서 물을 아끼고 지켜야 하니까요.

또 번역은 '말'이 아니라 '글'로 모든 것을 전달해야 하기 때문에 말과 함께 음성과 얼굴에서 드러나는 감정까지 글로 표현해야 합니다. 예를 들어 "She is pretty."라고 말하면서 얼굴은 그렇지 않다는 표정이면 '예쁘다고 하는 소리가 빈말 같았다.'로 번역할 수 있습니다.

특히 등장인물이 많이 나오는 문학 작품은 마치 각본을 쓰는 극작가처럼 등장인물의 성별, 연령, 학력, 직업, 성격 등에 따라 그 분위기에 맞는 대사로 번역해야 생생하고 맛깔 나는 작품이 됩니다. 아래의 예를 보면 제 말이 어떤 의미인지 더 잘 알 수 있을 것입니다. 다음과 같은 대사를 직접 말로 들었을 때는 어조에 따라 칭찬인지, 비난인지 쉽게 알 수 있습니다. 하지만 이를 번역할 때는 그 어조까지 글에 담아내야 하니 칭찬하는 어조와 비난하는 어조 두 가지로 번역할 수 있습니다. 글자가 같다고 해서 똑같이 번역되는 것이 아닙니다. 번역사가 전문을 읽고 어떤 분위기로 번역할지 먼저 결정해야 합니다.

Ex 2 Stephen, I've read the report you sent. Great stuff. You're a classic. It's pretty obvious how much effort you put in.

칭찬 스티븐 씨, 보내 주신 보고서를 읽어 보았습니다. 아주 좋습니다. 최고예요. 얼마나 준비를 많이 하셨는지 한눈에 알 수 있었습니다.

비난 스티븐 씨, 보고서를 읽어 보았는데요. 나쁘진 않았는데 새로울 것은 없네요. 바쁘셨나 봐요.

3. 풍부한 표현력이 충실한 번역을 만든다

학생들에게 번역을 잘하려면 표현력이 필요한데 이를 기르기 위해서 무엇을 해야 하느냐고 질문하면 대부분이 독서를 많이 해야 한다고 대답합니다. 독서가 모든 문장력의 근간이기는 합니다. 하지만 막연히 독서를 통해 번역에 필요한 표현력을 기르려 한다면 수십 년이 걸려도 어려울 것입니다. 미국에 이민 간 지 20년이 넘은 교포가 여전히 영어로 소통하는 데 어려움을 겪는 것과 마찬가지입니다. 보다 적극적으로 표현력을 향상시킬 수 있는 방법을 찾아야 한다는 말입니다.

영한 번역의 경우 처음에는 가벼운 마음으로 시작하지만 시간이 흐르면서 자신의 한국어 실력에 한계를 느껴 좌절하게 됩니다. 우리가 한국 사람이라고 해서 모두 같은 수준의 한국어 실력을 가지고 있는 것은 아닙니다. 만약 그렇다면 해마다 대학에서 논술고사를 치르는 몸살을 겪을 필요가 없겠지요. 물론 논술은 생각하는 방식, 즉 사고가 더 중요하지요. 하지만 그 사고를 정확히 담아내기 위해서는 표현력의 중요성도 무시할 수 없습니다.

좋은 번역을 하기 위해서는 지금 이 순간부터 '주변의 모든 것이 공부다.'라고 생각해야 합니다. 제게 고 김대중 대통령이 미국을 방문하셨을 때 받은 시계가 있습니다. 그 시계에 '行動하는 良心'이라는 대통령의 친필이 쓰여 있었습니다. 인상적인 글귀였습니다. 그리고 노무현 대통령이 돌아가셨을 때 김 대통령이 불편한 몸으로 주먹을 불끈 쥐며 "행동하지 않는 양심은 악의 편입니다. 여러분."이라고 하시는 장면을 보았습니다.

그리고 얼마 후 한국여성인권진흥원에서 의뢰한 여성의 인권 유린을 다룬 영상물을 번역하게 되었습니다. 그것은 진흥원에서 개최하는 영상제에서 한글 자막으로 상영될 예정이었는데, 마지막에 나오는 문구가 "Ignorance is acceptance."였습니다. 여성 인권이 유린되는 상황을 모른 체하는 것은 그것을 인정하는 것과 같다는 의미였습니다. 마지막 장면이라서 그냥 글자 그대로 '외면은 인정하는 것입니다.'라고 번역하기에는 뭔가 울림이 부족했습니다. 그때 김대중 대통령의 말씀이 떠올라 저는 '행동하지 않는 양심은 악의 편이다.'라고 번역했습니다. 이런 번역에 대한 클라이언트의 반응이 어땠는지 궁금할 수도 있겠지만 저도 알 수 없습니다. 다만 그 이후로도 일이 꾸준히 들어온 것을 보면 나쁘지는 않았나 봅니다.

이렇듯 평소 감동을 주는 글귀가 있으면 그냥 지나칠 것이 아니라 기억해 두었다가 번역에 활용하면 좋습니다. 그러면 독자에게도 내가 받았던 감동을 전달할 수 있을 것입니다.

근래에 저는 〈개그콘서트〉의 '용감한 녀석들'에 나오는 "한숨 대신 함성으로, 걱정 대신 열정으로, 포기 대신 죽기 살기로"라는 노랫말을 언젠가 번역에 꼭 써야지 하고 생각하고 있습니다. 〈100분 토론〉을 볼 때도 상대방을 설득력 있게 반박하는 말들을 들으면서 의식적으로 그 표현들을 외우려고 노력합니다.

저는 번역을 하기 위해 원문을 읽었을 때 의미와 더불어 글에서 받은 느낌까지 전달하고 싶지만 표현이 따라 주지 않으면 '한국 사람은 이럴 때 어떤 표현을 쓰지?' 하고 마치 제가 외국인인 양 생각해 보기도 합니다. 또 우리말 표현 중에는 탄식/탄성, 변화/변질, 숙성/부패, 소통/불통, 증명/반박 등 대조가 되는 말이 많은데, 이런 표현들이 머릿속에 잘 준비되어 있어야 번역이 수월해집니다.

사람은 자신의 생각을 '말'이나 '글'을 통해 알립니다. 꼭 번역을 잘하기 위해서가 아니더라도 자신이 하고자 하는 말을 망설이지 않고 정확하게 표현하는 것은 소통의 시대에 요구되는 중요한 능력입니다. 지금부터 이 표현력을 확 늘려

주는 방법을 설명하겠습니다.

우선 영어와 한국어가 같이 있는 텍스트를 찾습니다. 인터넷에서 같은 사건을 취재한 영문판 신문 기사와 국내 신문 기사를 쉽게 찾아 비교할 수 있습니다. 이 기사들은 같은 내용이지만 서로 다른 사람이 쓴 것이므로 영문은 영문대로, 한글은 한글대로 해당 언어의 표현과 구조를 살려 쓴 것입니다. 두 기사를 읽고 상응되는 두 언어의 표현을 정리하고 암기합니다.

다음으로 전문 번역사들이 한 번역을 많이 읽어 보는 방법입니다. 이것은 대단히 유용한 방법으로, 마치 요리를 하기 전에 가장 맛있다는 요리법을 찾아보는 것과 같은 이치입니다. 번역에 관한 기본적인 정보를 얻을 수 있을 뿐 아니라 번역을 이렇게 해야 되겠다 등등 번역에 관한 자신의 생각을 정리할 수도 있습니다. 그리고 어느 정도 번역에 자신감이 생겼다면 자신이 직접 번역을 해 본 후 전문 번역사들의 번역과 비교해 보는 것도 좋습니다.

이러한 방법으로 공부하는 동안 번역할 때 지켜야 할 규칙 등을 자연스럽게 터득하게 되고, 번역사가 아닌 독자의 눈으로 봤을 때 좋은 번역은 어떤 번역인지에 대한 눈도 갖게 될 것입니다.

| Ex 1 | Mediterranean Diet may be healthier for brain

The results showed that ① **those adhering more closely to a Mediterranean diet** ② **showed lower** white matter hyperintensity **volumes**. The diet encourages the consumption of plant-based foods such as veggies, whole grains, fruits, and fish, and little amounts of red meat and chicken.

– *Korea Herald*, 2012. 2. 14.

지중해 식단, 뇌 건강에도 도움

그의 연구팀은 뇌의 소혈관 손상 정도를 나타내는 백질(白質)의 고강도 용적(hyperintensity volume)을 측정했다. 그 결과 ① **식습관이 지중해 식단에 가까운 사람일수록** 백질의 고강도 ② **용적이 적게 나타났다.**

-연합뉴스, 2012. 2. 14

위의 영문 기사에서 기억해 두어야 할 표현은 두 가지가 있습니다. adhere closely to a ~ diet(~식단에 가깝다)와 show lower ~ volumes(용적이 적은 것으로 나타나다)입니다.

영문 기사와 한글 기사를 비교하면 ①의 adhere to는 '고수하다' 라는 뜻이지만 closely와 함께 '가까운' 으로 번역되어 있습니다. 혹은 '고집하는' 으로 번역할 수도 있습니다. 영한 번역을 끝내고 그 글을 읽어 보면 의미는 통하는데 뭔가 어색한 경우가 꽤 있습니다. 그 이유를 살펴보면 영어 단어의 뜻에 얽매여 순수한 우리말을 살리지 못한 경우가 태반입니다. 하지만 이런 이유를 안다 해도 적절한 우리말 표현이 쉽게 떠오르는 것은 아닙니다.

우선 영문과 한글을 비교하는 학습 방법을 통해 영어의 adhere closely to를 '밀접하게 고수하다' 가 아닌 '가까운' 또는 '고집하는' 으로 전환하는 연습이 선행되어야 합니다. 예를 들자면 "Their relationship remains sour."를 '그들의 관계가 좋지 않다.' 가 아닌 '그들은 서먹한 사이다.' 라고 번역하는 것입니다. 바로 이것이 일반 외국어 학습자와 다른 통번역사의 학습 방법입니다.

그리고 ②의 showed lower ~ volumes는 형용사 lower가 부사어로 번역되어 '용적이 적게 나타났다.' 고 번역되어 있습니다. 앞에서 형용사는 우리말의 서술어나 부사어로 번역된다는 설명을 했었는데, 이 경우가 그렇습니다. "People have different laughs."를 번역하면 '사람들은 웃음소리가 다르다.' 로 형용사

different가 우리말의 '다르다', 즉 서술어로 번역된 것을 볼 수 있습니다. 이런 부분은 영문 따로, 한글 따로 읽게 되면 학습이 되지 않는 부분입니다.

이와 같이 같은 내용을 다룬 영어 기사와 우리말 기사를 비교하는 공부를 합니다.

다음으로 영어 기사와 그 전문이 번역된 것을 이용한 학습 방법입니다. 예를 들어 『뉴스위크』 한국판(magazine.joins.com/newsweek)에 접속하면 번역된 기사가 있고 '기사 전문 보기'가 있습니다. 이를 이용해 번역된 뉴스와 영어 기사 전문을 비교 학습합니다.

다음은 『뉴스위크』의 원문 기사와 번역 기사입니다. 우선 원문을 번역해 본 후 제시된 번역과 비교하는 방법으로 학습해 보겠습니다.

Ex 2   Starbucks Sets Up Shop in India*

A decade after it **started sourcing coffee** from India, Starbucks, the world's largest coffee chain, has **decided to serve up its concoctions** to an Indian audience. It's been a while coming and long after most retail multinational brands – from McDonald's and KFC to Zara and Marks & Spencer – have trooped in to tap the Indian middle class, estimated at 300 million people. Starbucks's joint venture with Indian conglomerate Tata Group will set up 50 co-branded cafes in Indian cities **over the next eight months**.

– Newsweek

---

*위 영어 예문과 관련해 다음의 표현을 기억하자.
① start sourcing coffee: 커피를 조달하기 시작하다 ② decide to serve up its concoction to India: 인도에 진출하기로 하다 ③ over the next eight months: 앞으로 8개월 동안

타타그룹과 합작해 인도 진출

세계 최대 커피 체인인 스타벅스가 인도에서 **커피를 조달하기 시작한** 지 10년 만에 인도 시장에 **진출하기로 했다.** 그 결정에 이르기까지 아주 오랜 시간이 걸렸다. 맥도널드, KFC, 자라, 막스 앤 스펜서 등 대다수 다국적 소매 유통 브랜드들은 이미 오래전에 3억 명으로 추산되는 중산층을 겨냥해 인도 시장에 진출했다. 스타벅스는 인도 재벌기업 타타 그룹과 합작해 **앞으로 8개월 동안** 인도의 여러 도시에 공동 브랜드 카페 50개소를 신설할 계획이다.

-『뉴스위크』 한국어판

    번역 실력을 향상시키는 학습 방법을 하나 더 추천하자면, 원서와 출판된 번역서를 비교하는 것입니다. 첫 번째 학기 때 번역 강의의 내용은 번역의 기본기를 소개하고 이를 응용하는 것이었습니다. 그런데 같은 학생들을 2학기 때 다시 가르치게 되면서 어떤 내용으로 수업을 발전시켜야 하는지 고민이 되었습니다. 그러다 생각한 것이 학생들에게 먼저 영어 원서를 번역하게 하고, 그것을 그 원서를 번역한 번역서와 비교하는 강의였습니다. 그 강의를 들었던 학생들은 대부분 번역에 대해 구체적인 생각을 갖게 되었고, 시중에 나온 번역물을 독자의 눈으로 평가해 볼 수 있어서 좋은 경험이었다고 했습니다.

    우선 원서와 그 책의 번역서를 각각 구입해서 원서를 처음부터 끝까지 번역한 후 자신의 번역과 시중에서 판매되고 있는 번역서의 번역을 비교해 볼 수 있습니다. 하지만 이 방법으로 여러 종류의 원서를 다양하게 번역하고 번역서와 비교해 보려면 꽤 많은 비용이 듭니다. 그래서 별도의 비용 없이 이러한 형태의 학습이 가능한 방법을 찾았습니다.

    일단 Amazon.com에 접속해서 도서를 검색하면 많은 책들에 'look inside'라는 문구가 있습니다. 책의 몇 페이지를 미리 볼 수 있는 기능입니다. 먼저 그

코맥 매카시의 『THE ROAD』 원서와 번역서 표지

책들 중 한 권을 정한 후 우리나라의 인터넷 서점에서 그 책을 검색해 보면 "이런 책도 번역서가 있었네?"라고 할 정도로 많은 책이 번역되어 있습니다. 영어 원서는 'look inside', 국내 번역 도서는 '미리 보기' 기능을 이용해 비교 학습하는 것입니다. ('look inside'라는 간단한 표현도 우리말로 옮길 때 '안을 보기'가 아닌 '미리 보기'로 옮기고 있습니다. 이것이 번역입니다.)

『THE ROAD』는 오스카상을 수상한 영화 〈노인들을 위한 나라는 없다(No country for old men)〉의 원작으로 작가 코맥 매카시가 썼습니다. 이 작가의 작품은 독자의 반응이 극과 극입니다. 한쪽은 성서와 비교될 정도라고 하고 다른 한쪽은 지루하다고 하니까요. 이 책을 예로 들어 보겠습니다. 일단 원서의 'look inside'를 누르면 첫 번째 장이, 번역서의 '미리 보기'를 누르면 번역된 첫 번째 장이 나옵니다. 이 둘을 비교해 보면 어떻게 번역해야 할지 가닥을 잡을 수 있습니다.

번역 학습에 유용한 인터넷 사이트

1. Dailyenglish.com

영문 기사 번역 및 중요 표현 정리가 되어 있습니다.

Full Script

The Federal Reserve ① **cut a major interest rate** again today. It was the Fed's latest effort to ② **thaw out credit** and ③ **slow the slide into recession**. The central bank cut its target rate for overnight loans between banks by another half point to just one percent. ④ **A statement said** the ⑤ **Fed acted** because the pace of economic activity appears to have slowed markedly.

Words & Expressions

the Federal Reserve (Board): 연방준비제도이사회 / major: 주요한 / interest rate: 금리 / thaw out: 해동시키다 / credit: 신용 / slide into: 미끄러져 들어가다 / recession: 경기 침체 / loan: 대출 / markedly: 눈에 띄게, 현저히

Translation

오늘 연방준비제도이사회가 ①**주요 금리를 인하했습니다**. 이번 금리 인하는 ②**신용을 완화하고** ③**경기 침체의 속도를 늦추기 위한** 연준리의 최근 행보입니다. 연준리는 은행 간 오버나이트 론의 목표 금리를 0.5포인트 추가 인하하여 1퍼센트로 하향 조정했습니다. ⑤**연준리는** ④**성명을 통해** 경제 활동 속도가 현저히 줄어들었기 때문에 금리 인하를 ⑤**단행하게 되었다고** ④**발표했습니다**.

앞의 영문 번역과 관련해 암기할 표현은 다음과 같습니다.

① cut major interest rate: 주요 금리를 인하하다

② thaw out credit: 신용을 완화하다

③ slow the slide into recession: 경기 침체의 속도를 늦추다

④ A statement said: 성명을 통해 ~을 발표했다

⑤ Fed acted: 연준리는 ~을 단행하게 되었다

2. practicus.co.kr

"Your source for Practical English"로 시작되는 사이트입니다. 주로 영어와 관련된 교재를 소개하는 곳이지만, 영어 공부와 관련된 질문도 올릴 수 있습니다. 또 번역에 필요한 영어와 그에 해당하는 한국어 표현이 잘 정리되어 있습니다.

Paul's summary

It seems like everyone is ① **glued to their smartphone** nowadays, and there's one app that everyone's tapping on. KakaoTalk has risen to become Korea's most popular instant mobile messaging service with over 36 million domestic users. The free service has quickly taken over mainstream SMS texting and become ② **a household name** in just a few years.

Translation

요즘은 사람들이 ① **스마트폰만 들여다보는 것** 같은데, 특히 많은 이들이 애용하는 앱이 하나 있다. 카카오톡은 국내에서만 3,600만 명이 이용하는 가장 인기 있는 휴대폰 문자 서비스로 부상했다. 이 무료 서비스는 몇 년 만에 휴대폰 문자 서비스를 평정하더니 이제는 ② **누구에게나 알려진 이름**이 되었다.

Key words

glued to the smartphone : 스마트폰만 들여다보다

household name : 누구나 아는 이름

3. http://www.koreatimes.co.kr/www/LT/learningtimes.asp

the learning times의 뉴스 코너 중 '해외뉴스'에서 국외 일간지의 사설과 번역을 확인할 수 있습니다.

The talent society*

We're living in the middle of an amazing era of individualism. A few generations ago, it was considered shameful for people to have children unless they were married. But as Jason DeParle and Sabrina Tavernise reported in The Times on Saturday, these days, more than half of the births to women under 30 occur ① **outside of marriage**.

 In 1957, 57 percent of those surveyed ② **said** that they believed that adults who preferred to be single were "immoral" or "neurotic." But today, as Eric Klinenberg reminds us in his book, "Going Solo," more than 50 percent of adults are single. Twenty-eight percent of households nationwide consist of just one person. There are more ③ **single-person households** than there are married-with-children households. In cities like Denver, Washington and Atlanta, more than 40 percent of the households are ④ **one-person dwellings**.

＊위의 칼럼을 쓴 David Brooks는 『New York Times』의 Op-Ed 칼럼니스트, 『Weekly Standard』지 편집장, 〈The Newshour with Jim Lehrer〉의 시사평론가로, 『Bobos In Paradise: The New Upper Class and How They Got There』외 다수의 저서가 있다.

In Manhattan, roughly half ⑤ **the households are solos**.

A few generations ago, most people ⑥ **were affiliated with** one of the major parties. But now more people ⑦ **consider themselves independent** than either Republican or Democrat. A few generations ago, many people worked for large corporations and were members of a labor union. But now ⑧ **lifetime employment** is down and ⑨ **union membership** has plummeted.

– New York Times

지금은 재능 사회

우리는 놀라운 개인주의 시대의 한가운데 살고 있다. 몇 세대 전만 해도 결혼하지 않고 아이를 낳는 것을 부끄러운 일이라고 여겼다. 하지만 지난 토요일 제이슨 드팔리와 사브리나 태버니스가 타임스에 보도한 바와 같이 요즘에는 30세 이하 여성에게서 태어나는 아이들의 절반 이상이 ① **결혼하지 않은 상태에서** 태어난다.

1957년에는 조사 응답자의 57퍼센트가 독신으로 사는 쪽을 선호하는 성인은 '부도덕'하고 '신경증이 있는' 사람이라고 생각한다고 ② **응답했다**. 하지만 오늘날에는 에릭 클리넨버그가 자신의 저서 『독신으로 살기』를 통해 우리에게 일깨워 주고 있는 바와 같이 성인 중 50퍼센트 이상이 독신이다. 전국 가구의 28퍼센트가 1인 가구로 이루어져 있다. 결혼을 하여 자녀를 둔 가구보다 ③ **1인 가구**가 더 많다. 덴버, 워싱턴, 애틀랜타 같은 도시의 경우 전체 가구의 40퍼센트 이상이 ④ **1인 가구**다. 맨해튼의 경우 전체 가구의 절반 정도가 ⑤ **1인 가구**다.

몇 세대 전만 해도 대부분의 사람들은 주요 정당들 중 한 정당에 ⑥ **소속되어 있었다**. 하지만 지금은 공화당원이나 민주당원보다 많은 사람들이 ⑦ **자신을 무소속이라고 여기고 있다**. 몇 세대 전만 해도 많은 사람들이 대기업에서 일했고 노동조합에 가입했다. 하지만 지금은 ⑧ **평생 고용**도 줄어들었을 뿐만 아니라 ⑨ **노조 가입**도 급락했다.

-『뉴욕 타임스』

앞의 영문 번역과 관련해 암기할 표현은 다음과 같습니다.

① outside of marriage : 결혼하지 않은 상태에서

② said : 응답했다

③ ④ ⑤ single-person households / one-person dwellings / households are solos : 1인 가구

⑥ be affiliated with : 소속되다

⑦ consider themselves independent 자신을 무소속이라 여기다

⑧ lifetime employment 평생 고용

⑨ union membership 노조 가입

4. joongangdaily.joins.com

『중앙일보』에 나오는 기사가 다음 날 번역되어 나오는 신문입니다. 사이트에 접속 후 'Bilingual column'에 접속합니다.

Gender doesn't equal security

① **As the presidential race heats up**, candidates ② **increasingly make provocative remarks against** rivals about their gender or background. But biased statements cannot be justified as they can ③ **inflict serious damage on** the universal values of our society. Saenuri Party lawmaker Lee Jae-oh, who announced his candidacy for president, responded to a question on female leadership ④ **in an interview with foreign correspondents** by saying, "It is too early for us to have a female president without experience in the military amid tense confrontation with North Korea."

—June 20, 2012

여성이라고 '안보관리 능력'이 없나

① **본격적인 대선 레이스가 시작되면서** 성(性) 차별이나 인신(人身) 문제를 ② **거론하는 사례가 이어지고 있다.** 이는 정당하지 못하거니와 해당되는 후보는 물론 사회의 가치 체계도 ③ **손상시킬 수 있다.** 새누리당 이재오 의원은 최근 ④ **외신기자클럽 회견에서** 여성 리더십에 대한 질문을 받고 "분단 현실을 체험하지 않고 국방을 경험하지 않은 상태에서 단순히 여성이라는 이유로 리더십을 갖기에는 어려움이 있다."며 "시기상조"라고 주장했다.

—2012. 6. 20

앞의 영문 번역과 관련해 암기할 표현으로 다음과 같은 것이 있습니다.

① as the presidential race heats up : 본격적인 대선 레이스가 시작되면서

② increasingly make provocative remarks against : 거론하는 사례가 이어지고 있다

③ inflict serious damage on : 손상시킬 수 있다

④ in an interview with foreign correspondents : 외신기자클럽 회견에서

5. www.unep.or.kr

뉴스센터의 국제뉴스를 보면 번역과 함께 원문을 제공합니다.

나이로비, 2012년 6월 11일 – 전 세계 국가들이 참여할 것으로 예상되는 Rio+20을 ① **약 일주일 앞두고**, 음악계의 전설들이 새로운 앨범을 위해 한데 뭉쳤다. 이 앨범에는 ② **지속 가능성의 메시지를 담은** 다양한 곡들이 수록된다.

〈Rhythms del Mundo Rio+20〉라는 제목의 이번 앨범은 6월 5일 세계 환경의 날(World Environment Day, WED)에 맞춰 공식 발표됐으며, 유투(U2)와 밥 딜런(Bob Dylan), 스팅(Sting) 등 여러 유명 뮤지션의 곡들이 수록되었다.

또 이 앨범에는 'Spirit of the Forest'가 쿠바 스타일로 편곡되어 새롭게 수록되었으며, 케이트 부시(Kate Bush), 믹 플리트우드(Mick Fleetwood), 레니 크라비츠(Lenny Kravitz), 질베르투 질(Gilberto Gil), 링고 스타(Ringo Starr), 도나 서머(Donna Summer), 데이비드 길모어(David Gilmore), 데비 헤리(Debbie Harry), 이기 팝(Iggy Pop), 조니 미첼(Joni Mitchell), 더 비 피프티투스(the B-52's), 브라이언 윌슨(Bryan Wilson), 비치 보이스(the Beach Boys) 등이 피처링에 참여했다. ③ **이 곡의 원곡은** 20년 전 지구정상회담(Earth Summit)에서 발표되었다.

〈Rhythms del Mundo Rio+20〉은 Rio+20의 공식 앨범이자, 유엔환경계획(UNEP) ④ **40주년 헌정을 위해 기획되었다.**

– UNEP News Centre, 번역: 최보경, 감수: 박윤주

하단의 '원문 기사 바로 보기'를 누르면 해당 영문 기사를 볼 수 있습니다.

Nairobi, 11 June 2012 – ① **With just over one week before** world governments meet in Brazil for the Rio+20 summit, some of the biggest names in music have been united on a new album, which ② **puts the message of sustainability into song**.

The album, *Rhythms del Mundo Rio+20*, was officially launched on World Environment Day (5 June) and features tracks from U2, Bob Dylan, Sting and a host of other popular artists.

The record also includes a Cuban remix of the track 'Spirit of the Forest' – featuring Kate Bush, Mick Fleetwood, Lenny Kravitz, Gilberto Gil, Ringo Starr, Donna Summer, David Gilmore, Debbie Harry, Iggy Pop, Joni Mitchell, the B-52's, Bryan Wilson and the Beach Boys – ③ **which was originally released** at the first Earth Summit twenty years ago.

As well as being the official album of Rio+20, Rhythms del Mundo is also ④ **marking the 40th anniversary of** the United Nations Environment Pogramme.

앞의 영문 번역과 관련해 암기할 표현으로 다음과 같은 것이 있습니다.

① with just over one week before 주어+동사: ~를 일주일 앞두고

② put the message of sustainability into song: 지속 가능성의 메시지를 곡에 담다

③ Which was originally released: 이 곡의 원곡은

④ Mark the 40th anniversary of: 40주년 헌정을 위해 기획되다

6. http://realtime.wsj.com/korea

사이트에 접속하여 기사를 선택한 후 '영문 기사 보기'를 클릭하면 다음과 같은 글을 볼 수 있습니다.

① 경영자와 직원 간의 임금 차 – 우린비밀로 하고 싶다고!

② **경영자 임금에 관한 최종 주주투표**로 올해 대부분의 회사들이 주주총회를 마무리하면서 기업들은 이미 또 다른 임금 관련 문제를 두고 싸우고 있다. 이슈가 되고 있는 것은 경영자 임금과 직원들의 평균 임금 사이의 ③ **격차를 공개**하도록 할 수 있는 법 조항으로, 그 격차가 큰 만큼 많은 기업들은 이를 ④ **비밀에 부치고 싶어 한다**.

Firms Resist New **Pay-Equity* Rules**

As **the final shareholder votes on executive pay** round out this year's proxy season, companies are already fighting on another pay-related front.

At issue is a rule that could force them to ③ **disclose the gap between** what they pay their CEO and their median pay for employees, a potentially embarrassing figure that many companies ④ **would like to keep private**.

앞의 영문 번역과 관련해 암기할 표현으로 다음과 같은 것이 있습니다.

① Pay-Equity Rules : 경영자와 직원 간의 임금 차
② the final shareholder votes on executive pay : 경영자 임금에 대한 최종 주주투표
③ disclose the gap between : ~사이의 격차를 공개하다
④ would like to keep private : 비밀에 부치고 싶어 하다

* pay-equity는 '공정한 임금 지불을 해야 한다'는 의미이지만, 제목이기 때문에 본문의 내용을 담아 이렇게 번역된다.

4. 이럴 땐 이런 사전

영한 번역을 하면서 만나게 되는 어려움 중 하나가 초등학생도 알 만한 쉬운 단어의 번역입니다. "Be independent."는 '독립적이 되어라.'라고 직역할 수 있지만 그 의미가 딱 들어맞는 번역은 아닙니다. 그보다는 '알아서 하세요.'라고 번역하는 것이 그 의미를 훨씬 잘 전달할 수 있습니다. 그러면 어떻게 접근해야 할까요?

먼저 쉬운 영단어임에도 불구하고 적당한 우리말 표현이 생각나지 않는 것은 우리가 영한사전에 수록된 하나의 뜻만 알고 있기 때문입니다. 그럴 때는 알고 있는 단어라도 영영사전을 찾아 그 정의를 읽어 보면 좋습니다. 우리가 달달 외운 뜻에서 벗어나 그 단어를 정의하는 영어 문장을 읽어 보면 사고의 범위를 넓힐 수 있습니다.

예를 들어 unimaginative는 영한사전에 그 뜻이 '상상력이 부족한'으로 나와 있습니다. 하지만 그 뜻만 가지고는 다음 예문들을 번역하는 데 적절한 표현을 찾아내기 어렵습니다. 이럴 때 영영사전을 찾아보면 "if you describe someone as unimaginative, you are criticizing them because they do not think of new method or things to do"라고 정의되어 있습니다. 그러니까 unimaginative는 '새로운 방법을 생각하지 않는다고 비난하다'라는 의미입니다. 이 의미를 토대로 다음 예문들을 번역해 보겠습니다.

❶ She is **unimaginative**.

　그녀는 **상상력이 부족하다**.

❷ You are a very narrow and **unimaginative** man.

당신은 속도 좁고 **답답한** 사람이라고요.

❸ Since I started cooking, I have made **unimaginative** food.
저는 **누구나** 하는 요리만 한다니까요.

❹ It's only a problem for the **unimaginative**.
조금만 생각해 보면 해결될 문제다.

❺ **Unimaginative** expressions may make readers sleepy.
진부한 표현만 있는 책을 보면 졸리다.

❻ The government implemented **unimaginative** policies.
정부는 **같은** 정책만 고집한다.

❼ **Unimaginative** leaders should undergo paradigm shifts.
고루한 지도층의 의식 전환이 필요하다.

이처럼 unimaginative라는 하나의 영단어가 우리말로 번역할 때는 문맥에 따라 '답답한, 누구나 하는, 조금만 생각해 보면, 진부한, 같은, 고루한'이라는 여러 가지 다른 표현으로 번역되고 있습니다.
다른 예들을 좀 더 살펴보겠습니다.

| Ex 1 | **right**

Definition: if something is right, it is correct and agree with the facts

❶ Use the **right** man in the **right** place.

사람을 **제대로** 쓰십시오.

❷ He is the **right** man in the **right** place. (=He is cut out for the job.)

그는 그 일을 하려고 **태어난** 사람이다.

❸ Do you think he's the **right** man for the job?

그 사람이 **적임자**일까요?

❹ Dress yourself in warm layers, and eat **right**.

옷이랑 밥 **잘** 챙기세요.

❺ Do the **right** thing.

해야 할 일을 꼭 하세요.

"Do the right thing." 은 '올바른 것을 하다.' 라는 뜻이지만 그렇게 번역하면 전달하려는 의미가 충분히 전달되지 않습니다. 영어 단어를 일대일대응으로 번역하지 말고 적절한 우리말 표현을 찾아야 합니다. right은 '올바른 것' 을 의미하니 '(하고 싶은 일이 아니라) 해야 할 일을 꼭 하세요.' 로 번역해야 합니다.

우리는 늘 '하고 싶은 일' 과 '해야 할 일' 사이에서 고민을 합니다. 문제에 봉착했을 때 결과를 결정하는 것은 환경이 아니라 그 시련을 받아들이는 각자의 자세입니다. 하고 싶은 일과 해야 할 일 사이에서 현명하게 균형을 잘 찾아야 하겠습니다.

| Ex 2 | **secret**

Definition: if something is secret, it is known about by only small number of people

❶ Details of the proposals remain **secret**.
　제안서의 세부 내용은 **비밀이다**.

❷ He is a **secret** listener.
　그는 **몰래** 엿듣기를 잘한다.

❸ She has her **secret** fears.
　그녀는 **남모르는** 공포가 있다.

❹ The office has a **secret room**.
　사무실에는 **밀실**이 있다.

❺ He caught a **secret** smile between the two of them.
　그는 두 사람이 **은밀히** 주고받는 미소를 눈치 챘다.

❻ The police made a **secret** investigation into him.
　경찰은 그의 **뒷**조사를 했다.

❼ The politicians had a **secret** meeting among them.
　그 정치가들은 **물밑** 접촉을 했다.

| Ex 3 | **general**

Definition: if you talk about the general situation somewhere or talk about something, you are describing the situation as a whole rather than considering its details or exceptions

❶ He has a **general resemblance** to his father.

　아빠와 아들이 **붕어빵**이다.

❷ The government provided jobs for **the general**.

　정부가 **국민**에게 일자리를 제공했다.

❸ I underwent the surgery under **general** anesthesia.

　전신 마취 상태에서 수술을 받았다.

❹ This book targets the **general** reader.

　이 책은 **일반** 독자를 대상으로 한다.

❺ The workers went on the **general** strike.

　근로자들이 **총**파업을 강행했다.

❻ It's time to start a **general** house cleaning.

　집안 **대**청소를 할 때다.

다섯 번째 예문과 관련해 좀 더 살펴보면 general rules(총칙) / general meeting

(총회) / general affairs division(총무과) / General Manager(총지배인) / general review of the literary world(문단의 총평) 등의 표현도 있습니다.

Ex 4   solid

Definition: a solid substance or object stays the same shape without holes or spaces

❶ I bumped against a **solid** object.
　단단한 물체에 부딪혔다.

❷ The stores were packed **solid** at the time of the year.
　이 가게들은 이맘때면 손님들이 **꽉** 찬다.

❸ They have **solid** evidence.
　그들은 **확실한** 증거가 있다.

❹ He is a **solid** player.
　그 선수는 **믿을 만하다**.

❺ It is a **solid** truth.
　진실임이 **분명하다**.

❻ She is in **solid** black.
　그녀는 검은 **단색**을 입고 있다.

❼ The strike was decided by **solid** agreement.

만장일치로 파업이 결정되었다.

❽ It rained two hours **solid** this afternoon.

비가 오후에 **꼬박** 2시간 내렸다.

| Ex 5 | **wrong**

Definition: If you say there is something wrong, you mean there is something unsatisfactory about the situation, person or think you are talking about

❶ He's the **wrong** person for the job.

그는 그 일을 할 사람이 **못된다**.

❷ We don't want this document falling into the **wrong** hands.

관계자 **외**에는 이 문서에 접근하지 못한다.

❸ I realized that it was the **wrong** thing to say.

말하지 **말걸** 싶어서 후회가 되었다.

❹ You're holding the camera the **wrong** way up.

지금 카메라를 **거꾸로** 들고 계시네요.

❺ He was driving on the **wrong** side of the road.

그는 **반대** 차선으로 운전하고 있었다.

운전대가 조수석에 있어서 처음에 운전할 때 헷갈리는 나라들이 있습니다. 영국을 비롯해 호주, 뉴질랜드, 일본, 싱가포르 등 영국의 식민지배를 받았거나 그 문화를 받아들인 나라들입니다. 하지만 운전하는 사람이 중앙선에 붙어서 간다고 생각하면 안심하고 운전할 수 있습니다.

Ex 6   early

Definition: before the usual time that a particular event or activity happens

❶ It's **early** days yet.

아직은 때가 **아니다**.

❷ We have chilly weather in **early** Winter.

초겨울에는 날씨가 차다.

❸ The boy has **early habits**.

그 아이는 **일찍 자고 일찍 일어난다**.

❹ The store offers an **early bird**.

그 가게는 **조조할인**을 한다. (야간 할인은 happy hour라고 한다.)

❺ The government held an **early** election.

정부는 **조기** 총선을 실시했다.

❻ **Early** detection is vital to preventing cancer.

암 예방에는 **조기** 검진이 최선책이다.

| Ex 7 | **literally**

Definition: if a word or expression is being used with its most simple or basic meaning

❶ There are **literally** hundreds of prizes to win.

상이 **정말** 수백 개나 걸려 있다.

❷ The beach is **literally** a sea of people.

해변은 **그야말로** 인산인해를 이루고 있다.

❸ This food tastes like they **literally** poured oil into it.

말 그대로 음식 반 기름 반이다.

❹ I took what he said **literally**.

나는 그가 말한 **대로** 믿었다.

❺ He **literally translated** the passage.

그는 그 지문을 **직역했다**.

❻ When I said to him, "Good bye," **he took it literally**.

내가 그에게 "잘 가."라고 했더니, **헤어지자는 말로 받아들였다**.

| Ex 8 | **positive**

Definition: think of the good aspects of a situation rather than the bad ones

❶ The economic outlook is a bit more **positive** in South Korea.

한국의 경제 전망이 좀 더 **밝아졌다**.

❷ Seek the **positive** rather than the negative.

안 될 이유보다는 **될** 수 있는 이유를 찾으세요.

> 같은 상황에서 부정적인 사람은 안 될 이유를 찾고 자신이 가지고 있지 않는 것을 불평하지만, 긍정적인 사람은 될 수 있는 이유를 찾고 자신이 가지고 있는 것을 바탕으로 계획을 세웁니다.
> 자기가 가지고 있지 않은 것만 바라보며 계속 불평한다면 언제 경쟁에서 이기고 어떻게 행복해질 수가 있겠습니까? 부족한 면만 보고 그것을 보충하느라 모든 시간을 보내면 평범한 수준에는 이를 수 있어도 뛰어나기는 힘듭니다. 자신만이 가지고 있는 강점을 찾아 그것으로 승부하세요.

❸ I'm **positive** there was no defect when the item left the factory.

그 제품이 공장에서 나갈 때는 **분명히** 하자가 없었다.

❹ The government has decided upon a **positive** financial policy.

정부는 좀 더 **적극적인** 금융정책을 펼치기로 했다.

❺ He presented the plan on a **positive** note.

그는 **활기찬** 목소리로 계획을 발표했다.

| Ex 9 | **broad**

Definition: something that is wide

❶ The topic you suggested is too **broad** for the project.

말씀하신 내용이 해당 주제와는 **거리**가 있습니다.

❷ Let me give you a **broad outline** of the presentation.

발표의 **개요**를 말씀드리겠습니다.

❸ She was **broad(wide)** awake.

그녀는 **뜬눈으로** 밤을 새웠다.

❹ People drink even in **broad daylight**.

낮술을 마시는 사람도 있다.

❺ She dropped a **broad** hint about her birthday.

그녀는 자신의 생일을 **대놓고** 알렸다.

| Ex 10 | **unusual**

Definition: if something is unusual, it does not happen very often or you do not see it or hear it very often

❶ It is **unusual** for the trees to flower so early.

나무에서 이렇게 일찍 꽃이 피는 것은 **드문** 일이다.

❷ She has a very **unusual** name.

그녀는 이름이 매우 **특이하다**.

❸ Nothing **unusual** happened, right?

아무 일 없죠?

❹ We had **unusual amount of rain** today.

오늘 **폭우**가 내렸어요. (폭설은 unusual snow라고 합니다.)

❺ The police presented an **unusual** suspect.

경찰이 **뜻밖의** 용의자를 제시했다.

❻ They held an **unusual** festival.

이례적인 축제가 열렸다.

| Ex 11 | **largely**

Definition: You use largely to say that a statement is not completely true but is mostly true

❶ He resigned **largely** because of the story in the press.

신문에 난 기사 때문에 그는 사임할 **수밖에 없었다**.

❷ The automobile has **largely** eliminated the need for walking.

자동차가 생기자 걸어 다닐 일이 **거의** 없어졌다.

❸ He is **largely** responsible for the success of the business.

사업이 성공한 것은 그 사람 덕이라고 해도 **과언이 아니다**.

❹ The wedding was **largely** attended.

결혼식 하객이 **많았다**.

❺ The distinction between astronomy and astrophysics **has largely evaporated**.

천문학과 천체물리학의 경계가 **흐려지고 있다**.

❻ How these ingredients interact individually and collectively with your body is **largely** unknown.

이 재료들을 따로 먹거나 함께 먹었을 때 신체에 미치는 영향에 대해 밝혀진 것이 **별로** 없다.

| Ex 12 | **magically** |

Definition: something that is magical seems to use magic or to be able to produce magic

❶ She appeared in front of me **magically**.

그녀가 **홀연** 내 앞에 나타났다.

❷ The dent on the side of the car has **magically** disappeared.

자동차 측면에 움푹 들어간 부분이 **감쪽같아**졌다.

❸ This medicine worked **magically**.

약효가 **좋았다**.

❹ You don't have any **magic touch**.

너도 **별수** 없구나.

❺ It had been raining hard for nearly two hours, but it stopped suddenly as if **by magic**.

두 시간이나 퍼붓던 비가 **거짓말같이** 멎었다.

| Ex 13 | vague

Definition: If something written or spoken is vague, it does not explain or express things clearly

❶ They have only a **vague** idea where the place was.

장소가 어디인지 **대충** 알고 있다.

❷ She is a little **vague** about her plans for next year.

그녀는 내년에 뭘 할지 **특별한** 계획이 **없다**.

❸ The politicians made **vague** promises about tax cuts.

정치인들은 세금 삭감에 대해 말끝을 **흐렸다**.

❹ He was accused of being deliberately **vague**.

그는 일부러 **딴청을 피운다**는 비난을 받고 있었다.

❺ His **vague** manner concealed a brilliant mind.

그의 **어정쩡한** 태도에 가려져 사람들은 그가 똑똑한 것을 잘 모른다.

Ex 14   **private**

Definition: If you do something in private, you do it without other people being present, often because it is something that you want to keep a secret

❶ The sign said, "**private** property. Keep out."

안내판에는 "**사유지**. 들어오지 마시오."라고 쓰여 있었다.

❷ Those are my father's **private** paper.

그것은 제 아버님의 **개인** 서류들입니다.

❸ The hotel has bedrooms, all with **private** bathrooms.

그 호텔의 객실은 모두 **전용** 욕실이 있다.

❹ Senior defence officials held **private** talks.

국방부 고위 관계자들이 **비공개** 회담을 가졌다.

❺ The government implemented policies to return many of the state companies to **private** ownership.

정부는 국영기업을 대부분 다시 **민영화**하려는 정책을 실시했다.

❻ Let's go somewhere a bit more **private**.

좀 더 **조용한** 곳으로 갑시다.

| Ex 15 | **release**

Definition: set free from confinement, restraint, or bondage

❶ The captor **released** three hostages.

인질범이 인질 세 명을 **풀어 주었다**.

❷ They **released** the anniversary CD.

그들은 기념 앨범을 **발매했다**.

❸ The publisher **released** a book.

발행인은 책을 **발간했다**.

❹ The movie theater **released** a movie.

극장에서 영화를 **상영했다**.

❺ The pancrease **releases** insulin.

췌장에서 인슐린이 **분비된다**.

❻ The police **released** photos.

경찰이 사진을 **공개했다**.

다음으로 순수한 우리말이 생각나지 않을 때는 『외국인을 위한 한국어 학습 사전』을 이용하면 좋습니다. 번역을 잘하기 위해서는 그때그때 필요한 표현을 생각해 내는 능력을 길러야 하므로 평소 사전을 뒤적거리면서 단어 외우듯 좋은 우리말 표현을 기억해 놓으면 좋습니다.

외국인에게 우리말을 가르치려고 편찬된 이 사전은 순수한 우리말 표현이 우선 나오고 그 말을 설명하는 영어 표현이 뒤에 나옵니다. 한영사전과 비교하자면 한영사전은 우리말 표현이 먼저 나오는 것은 동일하지만 순수한 우리말 표현이 우선이 아니고 단순히 한국어를 영어로 풀이한 사전이기 때문에 순수한 우리말 표현을 습득하는 데 도움을 받기는 어렵습니다.

"He is easily influenced by others' opinions."라는 문장을 예로 들면 '그는 남의 의견에 의해 쉽게 영향을 받는다.' 보다는 '그는 귀가 얇다.' 라고 번역하는 것이 훨씬 자연스럽습니다. 좋은 우리말 표현이 떠오르지 않을 때 이 사전을 뒤적거리면 필요한 표현을 만날 수도 있고, 뜻밖의 단어를 통해 필요한 표현을 떠올릴 수 있습니다.

그러면 관용어 표현을 찾아야 할 때는 어떤 사전의 도움을 받아야 할까요? 영어 원문에 나오는 관용어 표현은 그야말로 끝이 없습니다. 영어라는 언어 자체가 이미지를 이용한 표현이 많습니다. '여성을 참여시키자.' 라고 하면 될 것을 "Women must sit at every table where decisions are made."로 표현합니다. 또

인명이나 책 이름 등 고유명사를 이용한 관용 표현도 많습니다. 성폭행 피해자의 이름을 넣어 만든 메건 법(Megan's Law)이 그 예입니다. 그러니 그런 문화권 밖에 있는 번역사가 곤란을 느끼는 것은 당연한 일입니다. 그렇다고 안 되는 것은 아닙니다. 곤란에 부딪혔을 때 주저앉으면 거기서 끝나지만 그 곤란을 딛고 일어서면 스스로가 조금 더 성장했다는 것을 알게 됩니다.

『영어로 가는 마지막 비상구 시리즈』같이 관용 표현만 모아 놓은 책도 많고, 인터넷으로 검색하면 외국에 살면서 또는 유학 중에 알게 된 관용 표현들을 모아 놓은 블로그도 만날 수 있습니다. 번역을 하면서 얻게 된 것들 중 하나는 번역을 하지 않았다면 몰랐을, 정말 좋은 사이트와 블로그를 만나는 즐거움입니다. 사이트나 블로그의 주인이 특정 분야의 전문가인 경우는 전문 지식과 정보를 제공하고, 어떤 블로거는 배경 음악까지 곁들여 유용한 자료를 검색할 수 있게 합니다. '착한 사마리아인' 들입니다.

마지막으로 외래어의 올바른 표기법 검색 안내입니다. 영어 원문 중에 나오는 고유명사 표기는 원음(그 나라 발음)에 따라 표기합니다. 가령 Henry라는 이름이 나왔을 때 그가 미국인이라면 영어 발음을 따라 '헨리' 라고 써야 하지만, 그가 프랑스인이라면 불어 발음대로 '앙리' 라고 써야 합니다. 그렇다 보니 각국의 발음을 번역사가 모두 알아서 번역하기란 현실적으로 어렵습니다.

한국외국어대학교에서 강의를 하면 한 교실 안에 전 세계가 들어 있는 듯한 느낌을 받습니다. 학생들이 전공하는 언어가 북유럽부터 아프리카까지 다양하기 때문입니다. 그 덕분에 저는 해당 국가의 언어를 전공하는 학생에게 번역 중에 나오는 고유명사를 읽어 보라고 해서 도움을 받기도 합니다. 하지만 평소에는 국립국어원 홈페이지에서 제공하는 '외래어 표기법' 의 도움을 받고 있습니다.

그런가 하면 우리가 자주 사용하는 외래어를 우리말로 번역할 때 종종 난감해지기도 합니다. 예를 들어 경쟁사의 경영 방식을 분석해 따라잡는 전략을 이르는

'벤치마킹(benchmarking)'이란 말을 우리말로 번역하려면 쉽지 않습니다. 그럴 때는 '모두가 함께하는 우리말 다듬기(www.malteo.net)'를 이용하면 좋습니다. 다듬을 말을 게시하여 공모전을 계속 진행하고 있는데 상금도 있습니다.

또 온라인 '한국어 맞춤법 및 문법 검사기(speller.cs.pusan.ac.kr)'에서 우리말의 정확한 용법을 확인할 수도 있습니다.

입력 내용	저의 바램입니다
대치어	저의 바람입니다
도움말	'바라다'는 '원하는 사물을 얻거나 가졌으면 하고 생각하다'나 '생각이나 바람대로 어떤 일이나 상태가 이루어지거나 그렇게 되었으면 하고 생각하다'의 뜻으로 씁니다. '바래다'는 '볕이나 습기를 받아 색이 변하다'나 '가는 사람을 일정한 곳까지 배웅하거나 바라보다'의 뜻으로 씁니다.
관련 학습 사이트	없음
오류 보고	

입력 내용	아내친구
대치어	아내 친구
도움말	다음과 같이 직위나 직함, 신분 등을 나타내는 단어는 앞에 나오는 고유명사나 일반명사와 띄어 써야 합니다. 차장, 후보, 강사, 회장, 의장, 교수, 구단, 국장 등 예) 김 차장 / 최 교수 대통령 후보로 나서다.
관련 학습 사이트	없음
오류 보고	

5. 제목을 번역하는 방법

문학에 관한 영어 원고를 번역한 적이 있었는데, 제목이 "Grammars of Genre"였습니다. grammars는 '문법'이고 genre는 '문학 종류'이니 조합해 보면 '문학 종류의 문법'이 됩니다. 하지만 이렇게 번역하면 의미 파악이 어렵습니다. 번역을 하다 보면 이와 같은 상황이 비일비재합니다.

이런 상황에 부딪치면 아는 단어라는 생각을 버리고 바로 검색을 시작해야 합니다. 나 한 사람의 머리보다는 검색을 많이 해서 여러 사람의 머리를 빌려 오는 것이 더 바람직합니다. 당연히 번역물도 더 좋게 나옵니다.

먼저 영영사전을 찾아보니 "a linguistic rule for the syntax of grammatical utterances"와 "grammar is the ways that words can be put together in order to make sentences"라고 정의되어 있습니다. grammar를 '문법'이라는 의미로만 생각할 때는 문맥을 잡을 수가 없었는데 linguistic rule, 즉 '문장을 만드는 법'이라는 의미로 읽으니 "Grammars of Genre"를 '장르에 따른 문장 규칙, 장르별 특징'으로 번역할 수 있었습니다.

초보 운전자일 때는 운전대 앞만 보이지만 시간이 지나면 시야가 넓어집니다. 그처럼 번역도 문제에 봉착했을 때 해결책을 찾기 위해 고민하는 시간이 많을수록 점점 더 많은 해결 방안이 떠오르는 것 같습니다.

특히 영어 기사의 제목 작성에는 몇 가지 원칙이 있는데, 이 원칙을 알고 있으면 제목을 이해하는 것과 번역하는 데 큰 도움이 됩니다. 『코리아타임즈』 이창섭 논설주간의 '영자 신문 헤드라인 읽는 10가지 공식'을 소개하겠습니다.

공식 1   본동사가 현재형인 경우: 발생 후 24시간 이내 (그 이전은 과거형)
            ex. Apple founder Steve Jobs dies (애플 설립자 스티브 잡스 사망)

공식 2   be 동사 생략
            ex. Big hurdle (is) cleared for KEB sale (외환은행 매각문제 걸림돌 제거)

공식 3　현재 시점을 기준으로 진행 중인 사건일 경우, 본동사에 ~ing

　　　　ex. Economy gaining growth momentum (탄력받는 경제성장)

공식 4　미래형은 will 대신 to

　　　　ex. Lee to attend G8 summits (이 대통령 선진 8개국 정상회담 참석 예정)

공식 5　행정수도는 그 나라의 정부

　　　　ex. Seoul, Caribbean nations look to expand ties (Seoul은 한국 정부) (한국과 카리브해 국가들 관계 확대 전망)

공식 6　제목이 2개 나오는 경우 – 대형 기사인 경우

　　　　ex. Apple founder Steve Jobs dies (애플 설립자 스티브 잡스 사망)
　　　　World leaders, tech titans honor innovative legend (각국 정상들과 관련 기술 핵심 인사들 고인 추모)

공식 7　전문 용어, 약자는 예외로 사용

　　　　ex. Big hurdle cleared for KEB sale (KEB: 외환은행) (외환은행 매각 문제 걸림돌 제거)

공식 8　제목 전체나 일부에 대한 따옴표 표시는 인용 문구

　　　　ex. "Face your fear and you will change." (두려워할 것은 두려움 그 자체뿐, 다 바꿀 수 있다.)

공식 9   대문자 최소화는 국제적 추세 (눈의 피로도 감소)

       ex. World leaders, tech titans honor innovative legend (각국 정상들과 관련 기술 핵심 인사들 고인 추모)

공식 10   칼럼과 논설은 한두 단어의 핵심어로 제목

       ex. Loss of iconic innovator (정보통신산업계의 거성 타계)

그 외에도 정확한 의미 전달이 필수인 원문과 달리 제목 번역은 예외가 많습니다. "책은 상품이고 제목은 낚시"라는 말도 있습니다만, 베스트셀러와 닮은 제목을 지어 후광 효과를 노리기도 하고 독자의 시선을 붙들기 위해 독자의 감성에 맞는 제목을 붙이기도 합니다.

마이클 센델 교수의 저서 『Justice(정의)』는 '정의'로 번역되지 않고 의문문 형태인 『정의란 무엇인가』로 번역되었습니다. 또 『아프니까 청춘이다』의 김난도 교수가 처음 생각한 제목은 '젊은 그대들에게'였고, 장기호 교수에 따르면 MBC의 〈나는 가수다〉의 원래 제목은 '7대 가수 쇼'였다고 합니다. 내용물은 동일한데 제목에 따라 임팩트가 얼마나 달라질 수 있는지 알게 해 주는 예입니다. 영한 번역을 하면서 제목을 결정해 온 방법들을 소개합니다.

먼저, 번역 없이 원제목을 그대로 쓰는 방법이 있습니다.

제목을 우리말로 번역하기보다는 원제목의 발음을 그대로 한글로 옮기는 방법으로 제목에 집중하도록 하는 효과를 기대할 수 있습니다. 영화 제목 중에는 제임스 카메론 감독의 〈아바타(Avatar)〉, 리처드 기어와 줄리아 로버츠 주연의 〈프리티 우먼(Pretty Woman)〉 등이 흥행에 성공한 경우입니다. 그 반면에 언론에 종사하는 사람들의 이야기를 다룬 미셸 파이퍼 주연의 〈업클로스 앤 퍼스널(Up close & personal)〉은 영어 발음을 그대로 옮기지 말고 한글 제목으로 번역하는 것이 더 좋지 않았을까 하는 생각이 드는 제목입니다. 책으로는 말콤 글래

드웰이 쓴 『아웃라이어(Outliers)』, 작은 변화가 의도된 행동을 만든다는 리처드 탈러의 『넛지(Nudge)』 등이 있습니다. 또 〈다크 나이트 라이즈(The Dark Knight Rises)〉 등 세계화가 되면서 원제의 발음을 한글로만 바꾸는 추세가 점점 강해지고 있습니다.

다음으로, 원제목을 직역하는 경우가 있습니다.

원제를 발음 나는 대로 쓰는 것보다는 우리말로 직역하는 것이 더 효과적일 것으로 판단되는 경우입니다. 영화로는 리처드 기어 주연의 〈천국의 나날들(Days of Heaven)〉, 인도의 유명 공대에 다니는 세 청년의 이야기 다룬 〈세 얼간이(Three Idiots)〉 등이 있습니다. 책으로는 장하준 교수의 『나쁜 사마리아인(Bad Samaritans)』, 일상에 숨어 있는 경제 원리를 설명하는 스티븐 레빗의 『괴짜경제학(Freakonomics)』, 인터넷으로 누구나 정보를 공유하게 되었다는 토머스 프리드먼의 『세계는 평평하다(The World Is Flat)』, 미치 앨봄의 『모리와 함께한 화요일(Tuesdays with Morrie)』 등이 있습니다.

끝으로, 원제목에 구애받지 않고 개성 있는 제목을 붙이는 경우가 있습니다.

문화적인 차이가 있거나 단어가 너무 생소하거나 해서 영화의 이미지를 전달하는 데 어려움이 있다고 판단되는 경우로, 원제와 전혀 다르게 한글로 번역한 경우입니다. 영화로는 브레드 피트 주연의 시간이 흐를수록 나이를 거꾸로 먹는 인물을 다룬 〈시간은 거꾸로 흐른다(The Curious Case of Benjamin Button)〉가 있습니다. 보면 볼수록 한글 번역 제목이 더 좋다는 생각이 드는 경우입니다. 패트릭 스웨이지와 데미 무어 주연의 〈사랑과 영혼(Ghost)〉도 사랑의 불변성을 연상시키는 성공한 번역이고, 〈금발이 너무해(Legally Blonde)〉는 예쁜 데다 똑똑하기까지 한 주인공이 쉽게 연상되는 제목으로 속편까지도 흥행에 성공했습니다. 기네스 펠트로 주연의 〈내겐 너무 가벼운 그녀(Shallow Hal)〉는 영화를 보고 나면 외모지상주의자인 주인공이 쉽게 연상되는, 영화에 너무 잘 어울리는 제목입니다. 책으로는 판타지 소설가 오슨 스콧 카드의 『당신도 해리포터를 쓸 수 있다(How to Write Science Fiction & Fantasy)』, 칭찬을 효과적으로 해야 한다는 켄 블랜차드의 『칭찬은 고래도 춤추게 한다(Whale Done!)』 등이 있습니다.

6. 번역의 완성 단계별 안내

누구에게나 '버킷 리스트'가 있습니다. 저도 나이대별 리스트를 가지고 하루하루 열심히 살고 있습니다. 여러분과 저의 리스트가 내용은 다르더라도 구체적인 계획과 그에 따른 철저한 실천이 있어야 이룰 수 있다는 점은 같을 것입니다.

번역도 마찬가지입니다. 번역하는 내용은 다르더라도 시작부터 마무리까지 단계별 준비가 철저해야 좋은 번역이 나옵니다. 첫 단추를 잘 끼워야 한다는 속담처럼 처음부터 좋은 습관을 들였으면 좋겠습니다.

❶ 원문 접근법: 처음으로 원문을 만나는 시간입니다. 번역을 의뢰받고 메일을 열어 보면 번역에 관한 안내와 함께 첨부파일이 있습니다. 파일을 클릭합니다. 번역할 원문이 보입니다. 지금부터가 중요합니다. 제대로 집중할 수 없을 때 처음 원문을 읽게 되면 month를 mouth로 보는 등 단어를 잘못 볼 확률이 높고 다른 사람이 지적해 주지 않는 한 그대로 오역으로 이어지기 쉽습니다. 처음으로 원문을 볼 때는 집중해서 전문을 다 읽을 수 있는 시간을 만들 것을 권합니다. 처음에 잘못 읽으면 다시 읽을 때도 잘못 읽게 되는 경우가 허다합니다.

❷ 이제 '왜'라는 질문과 함께 원문을 통독하면서 원문 속의 고유명사, 배경지식, 외래어 표기법, 모르는 표현 등 검색할 내용을 기록합니다. 검색할 내용을 실제로 다 찾아본 뒤에 번역을 시작해야 번역에 집중할 수 있습니다.

〈마스터 쉐프〉 결승전 출연자가 전식, 주식, 후식의 3가지 요리를 하라는 미션을 받았습니다. 출연자는 후식부터 해 놓고 전식과 주식을 하려 했는데 하다 보니 뒤죽박죽이 되어서 결국 미션에 실패했습니다. 번역을 할 때도 마찬가지입니다. 번역하다가, 검색하다가 하면 한 줄을 건너뛰고 번역할 수도 있고 내용 흐름도 깨질 수 있으며 표현의 일관성도 유지하기 어렵습니다.

　검색할 내용을 다 찾아보고 확인한 뒤 번역을 시작했음에도 번역 도중에 의문 사항이 생길 수 있습니다. 그럴 때는 그 부분에 표시를 해 놓고 넘어가는 것이 좋습니다. 그리고 나서 번역을 다 마친 후에 표시해 놓은 부분만 다시 보면 훨씬 수월하게 번역을 완성할 수 있습니다.

❸ 번역을 완료했다고 끝이 아닙니다. 이번에는 번역할 때 쓴 우리말 표현이 적절했는지 국어사전이나 인터넷사전을 활용해 확인합니다. 예를 들어 early bird 는 '일찍 일어난 새'로 번역될 수 있지만 '조기 할인'의 의미로 번역될 수도 있습니다. 태풍은 '상륙'을 하고 비행기는 '착륙'을 합니다. 또 우리가 흔히 혼용하는 '이용'과 '사용'도 구분해서 써야 합니다. 이를테면 '이용'은 이롭게 쓰는 것이니 '원자력 에너지의 이용'이 맞습니다. 번역 과정에서 무언가 부족한 느낌이 들면 '맞는 것 같다.'에서 멈추지 말고 조금만 더 손을 움직여 '맞다.'는 생각이 들 때까지 고민하십시오.

　또 주어와 서술어의 연결이 잘되었는지 확인이 필요합니다. 특히 문장이 3행 이상으로 길어지면 주어와 서술어의 간격이 멀어져 '보고서가 ~ 발표했다.'가 될 수 있습니다. 번역물 전체에서 주어와 서술어의 호응을 확인해야 합니다.

　다음은 우리말을 확인하는 포인트들을 정리한 것입니다.

1. 주어와 서술어의 어색한 조합을 수정한다.

본질을 규정하는 **잣대는** 내면적 **자아라고 부르고 있다.**

➜ 본질을 규정하는 **잣대를** 내면적 **자아라 부르고 있다.**

2. 경어체 확인 - 한 문장에 여러 동사가 있으면 맨 끝에만 높임말을 사용한다.

이 서비스를 **이용하시려면** 먼저 표를 **구매하시기** 바랍니다.

➜ 이 서비스를 **이용하려면** 먼저 표를 **구매하시기** 바랍니다.

3. 서술어의 불필요한 부분을 삭제한다.

그런 일이 **행해져 왔다고 보는 것입니다.**

➜ 그런 일이 **진행되고 있습니다.**

사용**되어 왔었습니다.**

➜ 사용**되고 있습니다.**

4. 타동사의 경우 '~시키다' 라는 표현을 피한다.

자극**시켜서**

➜ 자극**해서**

파괴**시킬** 수 있는

➜ 파괴**할** 수 있는

실현**시키기** 위한

➜ 실현**하기** 위한

5. 불필요한 조사를 삭제한다.

추가, 이동 또는 **삭제를 합니다.**

➜ 추가, 이동 또는 **삭제합니다.**

뉴욕에서부터 워싱턴까지

➜ 뉴욕에서 워싱턴까지

6. 이중부정을 피한다.

   제품이 **손상되지 않는다고 볼 수 없습니다**.

   ➜ 제품이 **손상될 수 있습니다**.

7. 소유격 조사 '의' 의 남용을 피한다.

   한국의 최초의 제품

   ➜ **한국** 최초의 제품

   문서의 저장

   ➜ **문서** 저장

   하나의 파일

   ➜ 파일 **하나**

8. 비슷한 말을 중복해서 사용하지 않는다.

   For more information about A, see B

   A에 관한 **보다 상세한** 내용은 B를 참고하십시오.

   ➜ A에 관한 **자세한** 내용은 B를 참조하십시오.

9. 우리말 조사 '가' 는 주어를 강조하고, '는' 은 서술어를 강조한다.

   의미**가** 다르다. / 의미**는** 다르다.

❹ 지금까지는 번역사의 입장에서 작업을 했습니다. 이제 마지막으로 독자의 눈

으로 번역물을 살펴야 합니다. 번역사의 눈으로만 보면 자신이 힘들게 한 번역을 냉정하게 평가하기가 어려워져서 실제로는 흡족하지 않아도 너그럽게 보아 넘기게 됩니다. 하지만 독자는 그렇지 않습니다.

　번역물을 읽다가 문제가 있는 것 같은 부분이 나오면 크게 소리 내어 읽어 보기를 권합니다. 자신이 한 번역이라도 소리 내어 읽다 보면 순간 멈칫해지는 부분이 있습니다. 그 부분은 내용이나 의미 전달에 문제가 있는 곳이니 좀 더 다듬을 필요가 있습니다. 물론 전문을 다 소리 내어 읽을 필요는 없습니다. 우리말 구조로 잘 전환되었는지, 순수한 우리말 표현을 사용하였는지 등을 확인하다가 문제가 되는 부분을 수정하거나 다듬으면 됩니다.

03 언어 외적인 요소가 중요하다

1. 고유명사의 번역 방법

우선 협약, 의정서, 회의 단체, 기구 등의 이름을 번역할 때는 한글명 뒤에 괄호를 넣어 영문 명칭을 기재합니다. 임의적으로 번역하는 것이 아니라 검색해서 통용되는 한글 표현을 찾아 번역하도록 합니다. 일례로 온실가스 감축을 위해 일본 교토에서 체결된 "Kyoto Protocol"은 '교토 의정서(Kyoto Portocol)'로 번역되어 쓰이고 있으니 검색해서 같은 명칭을 사용하도록 하고, "2000 Gap Task Force"처럼 새롭게 만든 고유명사는 임의로 번역해서 '2000 현황점검반(2000 Gap Task Force)'으로 표기합니다. 단체명은 띄어쓰기 없이 모두 붙여 쓰는 것을 원칙으로 하며, 처음 나왔을 때 괄호를 넣어 영어의 약자와 영문을 병기하고 이후로 협약, 의정서, 회의, 단체, 기구 등이 반복될 때는 한글 명칭만 표기합니다. 예를 들면 다음과 같습니다.

유엔교육과학문화기구(UNESCO: United Nations Educational, Scientific and cultural Organization)

다음으로 인명, 지명, 기관명 등의 고유명사는 현지 발음으로 번역하고, 한글 표기 후 괄호 안에 영문을 병기합니다. 국립국어원(www.korean.go.kr)의 외래어 표기법을 참고하거나 ko.forvo.com에서 단어를 입력하면 해당 국가의 발음을 확인할 수 있습니다. 예를 들면 다음과 같습니다.

벤게로프 막심(Vengerov Maxim)

마지막으로 International은 '국제'로, World는 '세계'로 번역합니다.

International Monetary Fund 국제통화기금(IMF)
International News Agency 국제통신사
World Health Organization 세계보건기구(WHO)
World Wildlife Fund 세계야생동물기금(WWF)

2. 단위 번역 방법

화폐, 길이, 넓이 등 여러 가지 단위들은 대부분 우리가 쓰는 단위와 영어의 사용 단위가 다릅니다. 따라서 번역할 때 우리가 쓰는 단위로 바꾸어 줍니다.

❶ 화폐 단위

달러($)나 엔(¥), 파운드(£), 유로(₡) 등 외국의 화폐 단위는 인터넷의 환율

계산기를 이용해 원화로 환산한 후 그 금액을 표기합니다.

  2만 8천 유로 ➡ 약 4천만 원

❷ 길이 단위

외국에서 사용하는 길이 단위는 마일(mile), 야드(yard) 등이 있습니다. 단위의 환산 없이 그대로 번역하면 독자가 대략이라도 그 거리가 어느 정도인지 알 수가 없습니다. 일례로 젊은 여성 포크 싱어 헤디 웨스트가 부른 〈Five Hundred Miles (Away From Home)〉라는 노래가 있습니다. 가사를 살펴보면 다음과 같습니다.

> If you miss the train I'm on
> You will know that I am gone.
> You can hear the whistle blow A hundred miles, a hundred miles.
> A hundred miles, a hundred miles, a hundred miles.
> You can hear the whistle blow, a hundred miles.

'멀리 기적이 우네~ 내 님 실은 마지막 밤 차~ 내가 떠난 것을 알게 될 때는 100마일 밖에서나 들려오는 기차 소리를 들을 때' 라는 내용입니다. 100마일은 약 160킬로미터로 서울에서 대전까지의 거리입니다. 많이 멀어진다는 가사입니다만 번역을 그냥 '마일' 로 해 놓으면 우리가 쓰는 미터제로 환산한 것보다는 실감이 나지 않습니다.

'야드' 번역은 골프 등에서 많이 쓰입니다. 미셸 위의 비거리가 290야드라고 하는데 얼마나 대단한 것인지 애매합니다. 하지만 이를 미터로 환산하여 약 265미터라고 하면 탄성이 절로 나옵니다. 그래서 요즈음 우리나라의 골프장들은 홀마다 야드 단위와 미터 단위를 함께 기재하고 있습니다. 길이는 인터넷의 단위

환산을 이용하면 정확한 수치를 얻을 수 있습니다.

❸ 무게와 부피 단위

외국에서 사용하는 무게 단위는 파운드(pound), 온스(ounce), 부피 단위는 갤런(gallon), 배럴(barrel) 등이 있습니다. 단, 주의할 점이 있습니다. 같은 갤런이라 해도 영국식 단위, 미국식 단위에 따라 부피가 다를 수가 있고 배럴 같은 경우는 들어 있는 내용물의 종류에 따라 1배럴의 양이 달라집니다. 이 정도의 기본 지식을 가지고 필요 시 인터넷을 검색하면 됩니다. 번역사는 서로 다른 문화를 가진 사람들 간에 소통을 돕는 사람이니, 정확히는 아니더라도 대략적인 환산치는 머릿속에 있어야 '준비된 번역사'라고 할 수 있겠습니다.

파운드 단위의 경우, 반으로 나눈 후 그 수치보다 약간 적다고 생각하면 대략적인 킬로그램을 알 수 있습니다. 예를 들어 200파운드는 100킬로그램보다 약간 적다고 생각하면 됩니다. 실제 200파운드는 90킬로그램입니다.

온스 하니 떠오르는 기억이 있습니다. 통번역을 맡은 행사를 끝내고 관계자들과 식사를 같이한 자리에서 미국인이 사랑하는 맥주 버드와이저를 마시게 되었는데, 캔에 12 FL OZ라고 적혀 있어서 이게 무슨 뜻인지가 화제가 되었습니다. 무슨 뜻일까요? FL OZ는 온스의 단위이고 캔에는 12온스라고 적혀 있었는데, 1온스가 약 30밀리리터이니 캔에 약 360밀리리터가 들어 있다는 의미입니다.

버드와이저

갤런은 영국과 미국이 달라서 1갤런이 영국은 4.5리터, 미국은 3.7리터입니다. 그런가 하면 1배럴은 석유나 술인 경우 약 160리터이지만, 액체의 종류에 따라 그 수치가 달라집니다.

❹ 넓이 단위

넓이 단위는 평수, 제곱미터, 헥타르, 에이커 등이 있습니다. 과거 우리나라는 넓이를 평(평수)으로 측량했는데 현재는 거의 제곱미터로 바꾸어 사용하고 있습니다. 1평은 3.3제곱미터입니다. 그 외에 1헥타르(hectare)는 10,000제곱미터로 축구장 한 개보다 조금 더 큰 면적이고, 1에이커(acre)는 1헥타르의 2배가 조금 넘으니 축구장 두 개 이상의 크기로 생각하면 됩니다. 참고로 에이커는 소 한 마리가 하루 종일 일하는 면적에서 유래되었다고 합니다.

❺ 온도 단위

우리는 온도 단위로 섭씨(Celcius)를 많이 사용하는 반면 영어권에서는 화씨(Fahrenheit)를 쓰고 있습니다. 이 두 단위는 물의 어는점과 끓는점을 다르게 설정해서 생긴 것입니다. 책을 읽거나 대화를 하다가 화씨 표기를 접하면 우리는 순간 당황하게 됩니다. 미국의 콜로라도에서 소방관이 화씨 160도를 견뎌 냈다는 뉴스를 보거나 기후 이상 현상으로 기온이 화씨 100도를 넘어서는 주가 늘어나고 있다는 뉴스를 들을 때처럼 말입니다.

영미권에서 최고의 공상과학소설 작가로 꼽히는 레이 브래드버리가 쓴 『Fahrenheit 451』이라는 소설이 있습니다. 공상과학소설은 마치 미래의 예언서 같습니다. 1960년 초반에 나온 아서 클락크가 쓴 『2001: A Space Odessey』에서 나오는 인공지능 로봇 HAL이 오늘날 현실화되고 있는 것이 일례입니다.

『Fahrenheit 451』은 책이 타는 온도를 가리키는데 책 읽는 것을 불법화하여 사람들이 텔레비전에 빠져 살도록 하는 생활을 그리고 있습니다. 영화나 텔레비전은 사람들이 과거의 능동적 생활을 벗어나 수동적인 생활을 시작하게 되면서 나타난 문화 매체라는 주장도 있는데, 오늘날 종이 신문을 스마트폰이 대신하듯 미래에는 책이라는 개념 자체를 잃어버릴 수도 있겠다는 생각이 듭니다.

요리책을 보면 조리법 중에 오븐을 375°F로 예열하라는 설명이 나오는데, 과연 우리나라 오븐에서는 몇 도로 예열해야 할까요? 요리법을 얘기하니 미국에서 요리를 배웠던 생각이 납니다. 우리 옆집에 케이트라는 할머니가 사셨는데 자신의 조리 기구를 모두 가져와서 요리를 가르쳐 주곤 하셨습니다. 케이트는 우리네 할머니와 같이 자상한 분이었는데, 80세가 넘었는데도 저를 friend라고 하면서 친구처럼 대해 주셨습니다. 그때 배운 요리 중에 cobbler라는 것이 있습니다. 그때까지 cobbler를 '구두 수선공'으로만 알고 있던 제가 같은 단어라도 분야가 달라지면 뜻이 전혀 다르게 쓰일 수 있다는 것을 또 한 번 알게 된 계기였습니다. 그때부터 아는 단어라도 의미 연결이 잘 안 되면 바로바로 사전을 찾아보는 습관이 생겼습니다.

　그럼 다시 온도 얘기로 돌아와서 화씨 100도는 섭씨로 어느 정도의 온도일까요? 화씨를 섭씨로 전환하는 공식은 먼저 32를 빼고 그 값에 5를 곱한 후 9로 나누는 것입니다. 좀 더 간단히 대략적으로 전환하려면 화씨에서 30을 뺀 후 2로 나누고 조금 올려 생각하면 됩니다. 그러니까 화씨 100도는 섭씨 37~38도 정도 되겠네요.

section 2

번역 강의

'먹기 위해 사느냐? 살기 위해 먹느냐?'는 질문도 있지만 요즘은 먹기 전 사진을 찍는 것이 대세입니다. 그냥 먹기엔 아까울 정도로 요리가 발전했기 때문일 것입니다. 이와 함께 요리왕을 가리는 음식 경연대회가 많아졌습니다. 대표적으로는 미국 공중파인 Fox 채널의 〈master chef〉가 있고 케이블 방송 food network의 〈iron chef〉가 있습니다.

그런데 문제는 방송을 보고 있어도 시청자는 요리사들이 자신의 요리에 대해 설명하는 것을 이해하기 어렵다는 점입니다. 식재료의 이름이나 조리 용어도 낯설고 그 조리법이 어떤 과정을 말하는지 모르기 때문입니다.

이 책은 기본 요리서와 같은 책입니다. 원문을 어떻게 분석할지, 원문의 구조를 어떻게 바꿀지, 그리고 그 안에 어떤 표현을 채워 넣어야 하는지를 설명한 책입니다. 이러한 기본 지식을 충분히 익히면 자신만의 번역 노하우를 만들 수 있을 것입니다. 예상치 못한 문제에 봉착했을 때에는 해결 방법을 모색할 수 있을 것입니다.

상상력이 풍부하더라도 조리법에 숙달되지 않으면 부족한 요리가 나올 수밖에 없듯이 번역 역시 그 방법에 익숙해지도록 직접 따라 하고 연습하면서 자신의 기본 실력을 쌓아야 합니다.

번역 강의에 앞서…

이제는 평생 '직장'이 아닌 '직업'이 필요한 시대입니다. 자기만의 직업을 가지려면 그 분야의 전문가가 되어야 합니다. 그럼 어떤 사람이 전문가일까요? 저는 머릿속에 특정 분야의 관련 지식을 많이 갖고 있는 사람이 전문가라고 생각합니다. 이런 생각을 가지고 공부를 하게 되면 열심히 할 수밖에 없습니다. 머릿속이 꽉 찬 전문가가 되어야 하니까요.

번역사가 되기 위해 필요한 것은 전반적인 배경지식입니다. 지식과 정보 제공은 기본적으로 저자의 몫이지만 번역사는 지식과 정보의 올바른 전달을 위해 자신이 먼저 제대로 이해해야 합니다. 이를 위해 필요한 것이 바로 배경지식입니다.

이제는 일반 독자를 대상으로 하는 정치, 경제, 문화 등 많은 분야의 책들이 과거 전공서만큼이나 수준이 높아졌습니다. 그래서 번역을 의뢰하려는 순간 딜레마에 빠집니다. 전공자에게 의뢰하자니 원문 이해력은 높지만 일반 독자가 수월하게 읽을 수 있는 번역이 가능할까 걱정되고, 비전공자에게 의뢰하자니 원문의 이해력이 떨어질까 우려됩니다. 물론 전공자만큼의 지식을 가진 전문 번역사가 있다면 금상첨화겠지요. 따라서 번역사는 번역의 테크닉은 기본이고 다양한 분야의 배경지식을 두루 섭렵해 두는 것이 좋습니다.

지구촌 소식들도 이제 더 이상 나와 상관없는 이야기가 아닙니다. 국제정치도 나와 무관하지 않습니다. 모든 일은 사람에 의해 움직이고, 그 속에서 사람은 현재를 잘 사는 방법을 배웁니다. 신문 헤드라인을 멋지게 장식했던 사람이 어떤 사건에 연루되어 하루아침에 나락으로 떨어지는 것을 보기도 하고, 연이은 고난을 극복하고 멋지게 성공을 이루어 낸 사람을 보기도 합니다. 그런 사람들을 보면서 정보와 지식도 얻지만 나는 어떻게 살아가야 할까에 대한 답도 얻는 것 같습니다. 국제경제도 마찬가지입니다. 호황과 불황도 결국 누군가의 생각에서 비롯된 것이니까요.

미셸 오바마 영부인은 "a plea for education"이라는 연설에서 자신이 학교에 다닐 때 가장 멋지게 생각한 것은 '매일 조금씩 똑똑해지는 것'이었다고 말했습니다(Getting smarter is cooler than anything else). 오늘 열심히 하면 내일 반드시 더 나아집니다. 번역을 공부하는 과정이나 실제로 번역하는 과정은 실로 getting smarter해지는 길입니다. 다양한 분야의 지식을 번역하면서 스스로 지식을 쌓게 되니까요. 이처럼 일하면서 자신을 성장시킬 수 있는 직업은 많지 않습니다.

이제 정치, 경제, 문학, 과학, 예술과 정보통신 분야 등 6개 분야와 마지막으로 번역 관련 지문을 가지고 번역에 관해 이야기하려 합니다. 각 분야별 강의는 다음과 같이 6단계로 이루어집니다.

1. 각 분야의 원문을 다루고 있습니다. 제시된 원문을 먼저 번역한 후에 제 설명을 읽으면서 자신의 번역과 비교하기를 권합니다. 혹 그렇게까지 하기가 어렵다

면 그저 차근차근 읽기만 하십시오. 그렇게만 해도 '번역의 정체'가 보이리라 생각됩니다.

2. 원문을 읽으면서 완성도 높은 번역을 위해 배경지식과 필요한 내용을 정리합니다. 번역사는 새롭게 등장하는 용어와 그 배경 등을 늘 학습해야 합니다. 평생 공부하는 직업이라고 생각해야 합니다. 실제로 저는 그러한 과정에서 많은 지식을 얻었고, 그 덕에 2000년 여름 임성훈 씨가 진행했던 〈생방송 퀴즈가 좋다〉에 1등으로 출연한 적이 있습니다.

3. 원문을 한 문단씩 살펴봅니다. 먼저 학생의 번역을 제시하고 그에 대한 평가를 하면서 필요한 설명을 덧붙일 것입니다. 마지막으로 제가 한 수정 번역을 제시합니다.

4. 원문 활용법을 소개합니다. 번역을 하게 되면 당연히 원문을 여러 번 자세히 읽게 됩니다. 그렇게 눈에 익은 내용을 잘 기억해 두었다가 나중에 번역에 활용할 수 있도록 하는 것입니다. 제가 콜롬비아 대학에서 TESOL 공부를 했을 때 알게 된 방법입니다. 콜롬비아 대학의 어학연수 과정은 하루 종일 같은 주제로 수업을 합니다. '지구 온난화'에 대해 읽기 수업을 했다면 청취 수업도, 말하기나 쓰기 수업도 같은 주제인 '지구 온난화'를 다룹니다. 그러면 수업을 하는 동안 어휘의 재활용이 가능하게 됩니다.

그리고 글을 잘 쓰는 사람은 같은 표현을 반복하지 않습니다. 어떤 글이든 주제어를 여러 번 언급해야 하기 때문에 다른 표현으로 바꿔 쓰기 위해 고민합니다. 그런 고민의 흔적을 찾으며 원문을 보면 하나의 주제어에 대한 여러 가지 다른 표현을 발견할 수 있습니다. 그 부분을 잘 정리해 두면 다음에 관련 번역을 할 때 유용하게 쓸 수 있습니다.

5. 각 분야별로 번역 시 주의해야 할 표현들을 예문과 함께 설명합니다.

6. 강의 총정리를 통해 강의를 요약하고 강의 중 느낀 점 등을 정리합니다.

01 정치

1. 원문

UN's role in Gaza rises among the rubble

··· In one classroom Saturday, when UNRWA schools reopened, a Palestinian teacher was filmed asking children about their trauma during the war. The unidentified teacher then told the children that Palestinians have to "wage war against them (Israelis) until they leave their land," and asked her students, aged about 8, how they should react. Two children in the class suggested hurling stones or rockets back at Israel. "Okay," the teacher said, apparently summing up her class' position. "We throw rockets at them, we throw stones at them," she said. Ging, the head of Gaza operations for the U.N. Relief and Works Agency, UNRWA, said such behavior is "completely unacceptable," and will be "dealt with in the most severest of fashions." He said the teacher would likely be removed once identified. Teachers have been fired from UNRWA in the past for incitement. Ging said that following the latest war, which ended Jan. 17, UNRWA briefed teachers – themselves often victims of the fighting – on how to channel the children's grief away from revenge and violence. In schools across the territory, teachers led students in games to ease their trauma and encouraged them to talk about lost classmates to deal with their deaths. "We're in a battle with extremism here in Gaza," said Ging, adding that UNRWA schools aim to "guide (children) to a civilized place."

– Jebaliya Refugee Camp, Gaza Strip (AP)

2. 배경지식

원문은 이스라엘이 발사한 로켓으로 폐허가 된 팔레스타인의 모습과 재건에 힘쓰는 유엔기관에 관한 내용입니다.
여기서 UNRWA란 유엔(팔레스타인)난민구호사업국(United Nations Relief and Works Agency for Palestine Refugees in the Near East)을 말합니다.

오늘날의 팔레스타인 지도

3. 번역 강의

① **UN's role in Gaza rises among the rubble**
… In one classroom Saturday, when ② **UNRWA** schools reopened, a Palestinian teacher was filmed asking children about their trauma ③ **during the war**. The unidentified teacher then ④ **told the children** that ⑤ **Palestinians** have to "wage war against them (Israelis) until ⑥ **they leave their land**," **and asked her students**, aged about 8, how they should react. Two children in the class suggested hurling stones or ⑦ **rockets** back at Israel. "Okay," the teacher ⑧ **said**, apparently summing up her class' position.

학생번역
① **폐허더미에서 가자 지역에서의 UN 역할이 증가하다**
② **UN난민사업국**이 학교를 다시 연 토요일 한 교실에서 팔레스타인 선생님이 ③ **전쟁 동안** 그들의 상처에 대해 ④ **아이들에게 묻는** 것이 찍혔다. 그 신원 미상의 선생님은 그때 학생들에게 ⑤ **팔레스타인들은** ⑥ **그들이 그들의 땅을 떠날** 때까지 이스라엘과 싸워야 한다고 말했고 8살 정도의 **그녀의 학생들에게** 그들이 어떻게 반응할지에 대해 **물었다**. 교실의 두 아이들은 이스라엘에 돌을 던지거나 ⑦ **로케트**를 재발사해야 한다고 제안했다. "좋아,"라고 선생님은 ⑧ **말했고** 그녀의 수업 입장을 분명히 요약했다.

관련설명
- 제목은 문장을 직역하기보다 본문의 내용을 토대로 번역합니다. 본문이 폐허

가 된 가자 지구를 복구하려는 유엔의 노고에 관한 내용이니 '가자 지구와 함께하는 유엔' 정도가 제목으로 적당할 듯합니다.

- 한영 번역은 최종 번역본인 영문 번역에 한국어가 전혀 들어 있지 않은데, 영한 번역은 영어가 그대로 들어 있는 경우가 있습니다. 학생이 번역한 U.N.이 그렇습니다. 한글 번역에 영어가 그대로 방치되지 않도록 세심한 주의가 필요합니다.

- UNRWA와 같은 단체명 번역에 대해 설명하겠습니다. 먼저 단체명을 우리말로 번역합니다. 그리고 괄호를 만들어 단체명을 전문 표기하는데, 만약 약어가 있다면 약어를 쓰고 콜론을 찍은 후 단체명을 표기합니다. 그리고 마지막으로 명칭이 긴 경우 '이하 ○○라고 칭한다' 라고 덧붙입니다. 예문에 나온 UNRWA은 '유엔(팔레스타인)난민구호사업국(UNRWA: United Nations Relief and Works Agency for Palestine Refugees in the Near East, 이하 '난민구호사업국' 이라고 칭한다)' 라고 씁니다.

- during the war는 '전쟁 동안' 이라고 단순 번역할 수도 있습니다. 하지만 그보다는 배경 학습을 통해 알게 된 정보를 바탕으로 '최근 이스라엘의 로켓 발사로 일어난 전쟁' 이라고 구체적인 정보를 제공하면 독자의 이해를 도울 수 있습니다.

- told는 선생님이 학생들에게 that절로 이어지는 과격한 내용을 인지하도록 한 것이니 단순하게 '말했다' 라고 번역하기보다는 선생님의 의도가 전달되도록 '주입시켰다' 또는 '독려했다' 로 번역합니다.

- Palestinians을 글자 그대로 번역하면 마치 선생님과 학생이 팔레스타인 사람이 아닌 것처럼 전달될 수 있습니다. 이 점에 유의해서 '자신들은' 또는 '우리 팔레스타인인들은' 으로 번역합니다.

- they와 their는 누가 누구의 땅을 떠나는지 구체적인 명사로 번역합니다. 의미

를 살펴보면 they는 '이스라엘인'을, their는 '팔레스타인인의'를 뜻합니다. 또 her students는 '그녀의 학생'으로 번역하는 대신 '그녀'를 생략하여 '학생들에게' 또는 8세 정도의 어린이들이니 '반 아이들에게'로 번역합니다.

- '로케트'는 잘못된 표기로 올바른 우리말 표기는 '로켓'입니다. 외래어는 원음 위주로 표기하며 정확한 표기를 하려면 네이버 사전이나 malteo.net에서 검색합니다.

- said의 기본적인 의미는 '말했다'이지만 말한 주체가 선생님인 점과 "Okay,"를 외친 문맥을 반영해서 '칭찬했다' 또는 '격려했다'로 번역합니다.

수정번역

가자 지구와 함께하는 유엔

유엔(팔레스타인)난민구호사업국(UNRWA: United Nations Relief and Works Agency for Palestine Refugees in the Near East, 이하 '난민구호사업국'이라 칭한다)이 수업을 재개한 토요일, 수업 중 이스라엘의 로켓 발사로 받은 충격에 대해 팔레스타인 선생님이 학생들에게 질문하는 장면이 찍힌 동영상이 공개되었다. 아직 신원이 밝혀지지 않은 선생님은 이스라엘인이 팔레스타인 영토를 떠날 때까지 우리 팔레스타인인들은 공격을 계속해야 한다고 학생들을 독려했다. 그 자리에 있던 학생 두 명이 이스라엘 사람한테 돌이나 로켓을 계속 던져야 한다고 말하자 선생님이 "당연하다."라고 칭찬하면서 수업을 마무리 짓는 것이 포착되었다.

"We throw rockets at ① **them**, we throw stones at them," she said. ② **Ging, the head of Gaza operations for the U.N. Relief and Works Agency, UNRWA**, said ③ **such behavior** is "completely unacceptable," and ④ **will** be "dealt with in ⑤ **the most severest of fashions**." ⑥ **He said** the teacher would likely be removed once identified Teachers ⑦ **have been fired** from UNRWA in the past ⑧ **for incitement**. ⑨ **Ging said** that following the latest war, which ended Jan. 17, UNRWA briefed teachers – ⑩ **themselves often victims of the fighting** – on how to channel the children's grief away from revenge and violence.

학생번역

"우리는 ① **그들에게** 로케트를 던지고 우리는 그들에게 돌도 던진다."라고 그녀는 말했다. ② **깅 U.N. 국제 및 작업 단체의 활동 대장은** ③ **그런 행동은** "완전히 받아들일 수 없고" 그리고 ⑤ "**가장 심각한 방식으로** ④ **다루어질 것**"이라고 말했다. ⑥ **그는** 그 선생님은 일단 파악되면 해고될 것 같다고 **말했다**. 선생님들은 과거에도 ⑧ **선동을 위해** U.N.난민국에서 ⑦ **해고되어 왔다**. ⑨ **깅은** 1월 17일에 끝난 최근의 전쟁 후에 U.N.난민국은 선생님들에게 ⑩ **그들 자신도 종종 전쟁의 희생자이며** 어떻게 아이들의 슬픔을 복수와 폭력에서 멀어지게 할 수 있는지에 관한 설명회를 가졌다고 **말했다**.

관련설명

- them을 구체적인 대상으로, 즉 '이스라엘인들에게'로 번역합니다.
- 영어에서는 이름보다 직함을 먼저 쓰지만, 우리말에서는 항상 이름, 직함의 순서로 번역합니다. 그리고 이름은 번역 후 영어 이름을 괄호 안에 넣어 병기합니다. 그러므로 '깅 U.N. 국제 및 작업 단체의 활동 대장은' 보다는 '깅(Ging) 난민구호국장은'으로 번역해야 합니다.
- such behavior는 직역하면 '그런 행동'이지만 앞의 내용을 고려하며 번역해야

합니다. 이 경우 such가 대명사 역할을 하는데, 그 의미를 따져 보면 선생님이 학생들에게 공격을 종용한다는 내용이므로 그런 의미가 전달되도록 구체적으로 명시해 '폭력적인 행동' 이라고 번역합니다.

- will be dealt with는 수동태 문장이지만 우리말로 번역할 때는 '피해'를 제외하고 능동태로 번역합니다. 그러니까 '다루어질 것이라고' 보다는 '처리할 것이라고' 하는 것이 자연스럽습니다. 그러나 '피해를 입다', '해고를 당하다' 등 자신의 능력 밖의 경우는 영문 구조 그대로 수동태로 번역합니다.

- the most severest of fashions는 글자 그대로는 '가장 심각한 방식' 입니다. 하지만 좋은 번역을 하려면 여기서 한 걸음 더 나아가 문맥에 맞는 가장 적절한 우리말 표현을 찾아야 합니다. 구체적으로 살펴보면 선생님의 처벌에 관한 것이니 '중징계' 라는 표현이 적절합니다.

- 대명사 He는 '깅 국장' 을 가리키므로 said는 '덧붙였다' 정도로 번역하는 것이 좋습니다.

- have been fired in the past는 '과거에도 해고를 당했다' 라고 직역할 수 있지만 차별화된 번역을 위해 처음의 의미를 버리고 같은 의미의 다른 표현을 찾아봅니다. 저라면 '해고를 당하는 것이 처음은 아니다' 라고 번역하겠습니다.

- for incitement에서의 for의 의미는 '위하여' 가 아니라 '때문에' 입니다. 정리하면 '선동 때문에' 해고를 당한 적이 있다는 문장입니다. 그러나 그렇게 번역하면 앞의 내용과는 별개의 일인 것처럼 전달될 수도 있으므로 연결성을 위해 '그와 같은 일로 해고된 사례가 있었다' 로 번역하는 것이 좋습니다. 참고로 for의 번역 사례로는 다음과 같은 것이 있습니다.

I wrote him **for advice**. (나는 그에게 **충고의 글**을 썼다.)

I can't see anything **for a the fog**. (**안개 때문에** 앞이 안 보인다.)

She looks young **for her age**. (그녀는 **나이보다** 어려 보인다.)

It's morning, **for birds are singing**. (**새가 우는 것을 보니** 아침이다.) (for 는 because보다 약한 인과관계일 때 쓰는 접속사)

―Ging said로 시작되는 문장에서 드러나는 깅 국장의 심정은 어떤 것일까요? 일부러 선생님들을 모시고 복수나 증오심을 없애기 위한 시간을 마련했는데도 불구하고 여전히 폭력을 부추기는 수업을 하는 선생님을 본 그는 아마도 그냥 평범하게 말하지는 않았을 것입니다. 그러므로 '분개했다'나 '비난했다' 또는 '답답해했다' 등의 감정을 담아 번역하는 것이 좋습니다.

―themselves often victims of the fighting을 글자 그대로 번역하면 화자가 무슨 의미를 전달하려고 하는지 놓치게 됩니다. 잠시 왜 이런 말을 하고 있는지 생각해 볼까요? 본문 내용은 충격을 다스리기 위한 자리이고 여기서의 themselves는 '선생님들'을 가리키는 것으로 정리할 수 있습니다. 이렇게 본다면 이 문장은 '선생님 자신들도 희생자이기 때문에 그런 시간이 필요했다'는 내용이 됩니다.

또 이 문장 중 often의 번역도 중요합니다. often은 '종종', sometimes는 '때때로', frequent는 '빈번하게'로 그 뜻 그대로 번역되는 경우가 다반사이지만, 영어의 부사는 우리말 구조에서는 서술어로 번역하는 경우가 많습니다. 그러니까 often은 '~하는 경우가 자주 있다'로, sometimes는 '~하는 때도 가끔 있다'로, frequently는 '~하는 경우가 많다'로 번역하는 것입니다. 아래에서 관련 예를 좀 더 살펴볼까요?

Sometimes I like to be on my own. (혼자 있을 때가 좋을 **때도 있다**.)

He frequently visits us. (그는 우리 집에 **자주 온다**.)

수정번역

"우리는 로켓이나 돌로 이스라엘을 몰아내야 합니다."라며 선생님은 수업을 마쳤다. 깅(Ging) 난민구호국장은 그런 폭력적인 행위는 "절대 묵과될 수 없다."고 비난하며 "중징계에 처할 것"이라고 밝혔다. 깅 국장은 문제가 되고 있는 선생님은 신원이 파악되는 대로 해고될 것이라고 덧붙였다. 선생님들이 그런 일로 해고되는 것이 이번이 처음은 아니다. 깅 국장은 1월 17일에 끝난 이스라엘의 폭격 후 피해 당사자이기도 한 선생님들을 대상으로 학생의 분노와 증오심을 순화할 방법을 모색하는 시간을 가졌음에도 이런 일이 생겼다며 유감을 표시했다.

In ① **schools** across the territory, teachers led students ② **in games** to ease their trauma and encouraged them ③ **to talk about lost classmates** ④ **to deal with their deaths**. "We're in a battle with ⑤ **extremism** here in Gaza," said Ging, adding that UNRWA schools aim to ⑥ **"guide (children) to a civilized place."**

학생번역

그 지역에 걸친 ① **학교들**에서 선생님들은 학생들에게 ② **게임을 시켜** 그들의 상처를 쉽게 하며 ④ **그들의 죽음을 다루기 위해** ③ **잃어버린 반 아이들에 대해 이야기하도록** 장려했다. "우리는 여기 가자 지구에서 ⑤ **극단주의**와 전투 중입니다."라고 깅은 말했으며 U.N.난민국 학교들은 ⑥ **아이들을 문명화된 장소로 인도하는 것**이 목표라고 덧붙였다.

관련설명

-schools는 영어로는 복수이지만 단수인 '학교'로 번역합니다. 예를 들면 two

apples가 '두 개의 사과들'이 아닌 '사과 두 개'로 번역되는 것과 마찬가지입니다.

─ in games를 '게임을 통해'로 번역할 수도 있습니다. 하지만 뒤에서 알 수 있듯이 그 게임의 내용이 고통을 위로하고 충격을 털어놓는 것이므로 그냥 '게임'보다는 '심리 게임'이나 '역할극' 정도로 번역하는 것이 좋습니다.

─ 학생은 talk about lost classmates에서 talk about을 '~에 대해 말하다'로 번역하고 있지만 여기에서는 마음에 담아 두었던 슬픔을 표현한다는 의미이므로 '털어놓다'로 번역합니다.

─ to deal with을 먼저 살펴봅니다. 영어 문장에서 본동사가 있고 그다음에 부정사가 오면 '~하기 위해 ~했다'로 직역할 수 있습니다. 하지만 이에 해당하는 우리말 구조는 '~해서 ~했다'입니다. 예를 들면 "Tom Cruise came to Korea to promote his movie."를 '톰 크루즈가 한국에 와서 영화를 홍보했다.'로 번역하는 것입니다. 본문의 번역에 이를 반영하면 '죽음을 다루기 위해 이야기를 하게 했다'가 아닌 '이야기를 해서 친구의 죽음을 받아들이게 했다'로 번역할 수 있습니다.

그리고 deal with their deaths에서 their deaths는 '반 친구들의 죽음'을 의미합니다. 그렇다면 그에 어울리는 deal with의 번역은 어떻게 해야 할까요? 한 반에서 같이 공부하던 친구가 어느 날 갑자기 죽어서 생긴 교실의 빈자리를 바라보는 친구들의 마음을 달래 주려는 의도가 담겨야 할 것입니다. 그러므로 여기서의 deal with은 '(친구의 죽음을) 납득하다, 받아들이다, 그 충격을 이겨내다'로 번역합니다.

─ extremism은 '극단주의'가 원래의 뜻이 맞습니다. 하지만 그렇게 번역하면 무엇이 극단적이라는 것인지 애매한 번역이 됩니다. 그러니까 극단적인 것이 무엇인지를 원문에서 찾아야 합니다. 원문의 앞쪽에 나온 내용을 표현을 바꿔 쓴

것일 수도 있고 아니면 다음 이야기의 시작일 수도 있습니다. 본문에서는 이전에 나온 incitement와 연결되는 내용입니다. 즉 상대와 화해하는 대신에 상대를 완전히 몰아낼 때까지 폭력을 사용하는 '극단주의'를 의미합니다. 그런 의미가 전달되도록 앞의 incitement와 연결시켜 '교실에서 강요되는 폭력지향주의'로 번역합니다.

- civilized place를 글자 그대로 '문명화된 장소'로 번역하면 원문의 연결성을 전혀 살리지 못하는 번역이 됩니다. 모든 글은 연결성이 있는데 번역사가 그 부분을 살리지 못하면 당연히 전달력이 떨어지게 됩니다. 그러므로 늘 원문을 읽을 때 왜 이런 말을 하는지 앞뒤 문맥을 고려하며 번역해야 합니다. 다시 말해 글자만 보지 말고 계속 '왜'라는 질문을 던지면서 의미를 캐내는 훈련을 해야 합니다.

왜 저자는 civilized place로 아이들을 인도하는 것이 학교의 목표라고 했을까요? 팔레스타인 아이들이 너무 원시적인 삶을 사니 문명화시켜야 한다고 생각한 걸까요? 그렇지 않습니다. 지금까지 번역한 내용, 즉 아이들을 폭력으로 몰고 가는 것에서 인도해 내야 한다는 내용과 연결해 생각해야 합니다. 그러면 앞 문장의 '폭력지향주의'에서 벗어난 환경, 폭력이 없는 환경으로 인도해야 한다는 의미로 번역해야 함을 알 수 있습니다. 다시 말해 '아이들을 문명화된 장소로 인도하는 것'이 아니라 '아이들을 폭력지향주의에서 벗어나도록'이라고 해야 합니다.

수정번역

가자 지구 내의 여러 학교에서 선생님들이 역할극 등을 통해 학생들의 상처를 치유하고 마음속의 이야기를 털어놓게 함으로써 친구들의 죽음에서 벗어날 수 있도록 도와주는 시간을 가졌다. "가자 지구 내에 팽배한 복수심과 폭력지향주의를 없애야 합니다. 우리는 난민구호사업국 학생들이 그런 극단적 감정에서 벗어나도록 지도하려고 합니다."라고 깅 국장은 밝혔다.

4. 영어 원문 활용법

UN's role in Gaza rises among the rubble

… In one classroom Saturday, when UNRWA schools reopened, a Palestinian teacher **was filmed asking** children about their trauma during the war. The unidentified teacher then told the children that Palestinians have to "**wage war against** them (Israelis) until they leave their land," and asked her students, aged about 8, **how they should react**. Two children in the class suggested hurling stones or rockets back at Israel. "Okay," the teacher said, apparently summing up her class' position. "We throw rockets at them, we throw stones at them," she said. Ging, the head of Gaza operations for the U.N. Relief and Works Agency, UNRWA, said such behavior **is "completely unacceptable**," and will be "dealt with in the most severest of fashions." He said the teacher would likely be removed once identified. Teachers **have been fired** from UNRWA in the past **for** incitement. Ging said that following the latest war, which ended Jan. 17, **UNRWA briefed teacher**s – themselves often victims of the fighting – **on how to** channel the children's grief away from revenge and violence. In schools across the territory, teachers led students in games to ease their trauma and encouraged them to talk about lost classmates to deal with their deaths. "We're in a battle with extremism here in Gaza," said Ging, adding that UNRWA schools aim to "guide (children) to a civilized place."

– Jebaliya Refugee Camp, Gaza Strip (AP)

1 | was filmed ~ ing는 '~하는 장면이 동영상으로 찍히다'에 해당하는 영어 표현입니다.

    ex. He was filmed entering the house. (그가 집에 들어가는 장면이 찍혔다.)

2 | wage war against는 '항전하다'의 의미입니다.

    ex. The government is waging war against loan sharks. (정부가 고리대금업자를 상대로 전쟁 중이다.)

3 | how they should react는 '어떻게 해야 할지'로 번역합니다.

    ex. They know how they should react. (그들은 어떻게 해야 할지 알고 있다.)

4 | is "completely unacceptable"에서 completely는 very보다 강도가 높은 의미로 기억하면 좋습니다. very satisfied에서 completely satisfied가 되면 그 정도가 높아지는 것입니다. 그러니까 completely unacceptable은 '완전히 받아들일 수 없는'의 의미에서 정도를 더하여 '어불성설의, 있을 수 없는'의 의미가 됩니다.

    ex. School violence is completely unacceptable. (학교 폭력은 있어서는 안 된다.)

5 | ~be fired for는 '~라는 이유로 해고되다'입니다. 이 표현은 전치사까지 함께 알고 있어야 정확하게 활용할 수 있습니다.

ex. James was fired for the oversight. (제임스는 그 실수 때문에 해고됐다.)

6 | UNRWA briefed teachers on how to~는 무생물이 주어인, 영어에서 자주 만나는 문장 구조입니다. 영어 문장 구조 그대로 번역하면 '난민구호사업국은 선생님에게 어떻게 ~할지에 대해 설명해 주었다' 입니다. 이를 우리말 구조를 반영하여 번역하면 '난민구호사업국에서 선생님들이 어떻게 대응할지에 대한 교육이 있었다' 입니다.

그러니 우리말 문장에서 '~은/는/이/가' 가 붙은 단어만 주어로 하지 말고 '에서' 가 붙는 단어를 주어로 하는 영어 문장 구조를 연습해 보십시오.

ex 1. "학생 식당에서 보다 안전한 급식을 학생들은 먹게 될 것이다." 이 문장에서 '학생들은' 이 아닌 '학생 식당에서' 를 주어로 하면 다음과 같은 영어 문장이 됩니다.

School cafeterias will give students safer school meals.

ex 2. "이번 선거에 대통령 후보가 8명 출마했습니다." 이 문장에서 '후보가' 가 아닌 '이번 선거에' 를 주어로 하면 다음과 같은 영어 문장이 됩니다.

This election finds eight candidates running for presidency.

5. 정치 분야 글 번역에서 주의해야 할 표현

다음은 정치 관련 글을 번역할 때 유의해야 할 표현입니다.

1 | He was charged with **obstruction of justice** for a police officer.
그는 경찰관의 **공무집행 방해죄**로 기소되었다.

2 | King Sejong is a historical **figure**.

세종대왕은 역사적 **인물**이다.

3 | **Social disparity** leads to conflict.

사회적 위화감이 갈등을 조성한다.

4 | The name of the game is 'World **in conflict**'*.

그 게임의 이름은 '**분쟁 중인** 세상'이다.

5 | The country was being propelled towards **civil war**.

그 나라는 **내전**으로 치닫고 있었다.

6 | The candidate tried hard to obtain **swing votes**.

그 후보는 **부동표**를 잡으려 안간힘을 썼다.

7 | The Union secured its demand through **collective bargaining**.

노동조합은 **단체 협상**을 통해 요구를 관철했다.

8 | We should create a clean **political climate**.

깨끗한 **정치 풍토**를 조성해야 한다.

9 | The government stepped up its alertness on **the undocumented**.

정부는 **밀입국자**에 대한 경계를 강화했다.

10 | This **private policy** describes how we use your information.

이 **개인보호정책**을 보시면 제공하신 정보가 어떻게 사용되는지 알 수 있습니다.

11 | A major **political scandal** erupted before a general election.

총선을 앞두고 대형 **권력형 비리**가 터졌다.

12 | The responsibility of the police is to preserve **peace**.

경찰의 책임은 **치안**을 지키는 것이다.

---

*World in conflict는 1989년 소련이 미국을 침입하면서 생기는 국제분쟁을 다룬 게임이다.

13 | **Confirmation hearing** for Prime Minister nominee began.

국무총리 후보자의 **인사청문회**가 시작되었다.

14 | Relations between North Korea and the United States are shifting again toward **diplomatic brinkmanship**.

북미가 다시 **벼랑 끝 외교** 관계로 돌아섰다.

15 | **Negative campaigning** is hardly new.

흑색선전은 어제오늘의 일이 아니다.

16 | The answer is a **qualified** yes.

대답은 **조건부** 승낙이다.

17 | It is time to change **security landscape**.

안보 구도를 바꿀 시점이다.

18 | The government is **acting only after disasters strike**.

정부는 **뒷북만 친다**.

19 | The **opposition-dominated National Assembly** used security guards to drag out ruling party's lawmakers.

여소야대 국회가 경비원을 시켜 여당 의원들을 끌어냈다.

20 | The leadership adopted an **open primary**.

지도부는 **국민참여경선제**를 채택했다.

21 | The president made a tour of the **affected area**.

대통령이 **피해 지역**을 시찰했다.

22 | Diplomats receive **immunity**.

외교관들은 **면책특권**을 받는다.

cf. This tablet helps strengthen **immunity**.

이 알약은 **면역력**을 키워 준다.

6. 총정리

정치 분야의 원문으로 팔레스타인 분쟁에 관한 글을 살펴보았습니다. 팔레스타인은 국제분쟁 지역 중 자주 거론되는 곳입니다.

　민족마다 조국을 떠나 외국에서 살아가는 방법이 다릅니다. 우리나라 사람들은 세탁업이나 델리가게, 베트남인들은 네일아트, 인도인들은 던킨 도넛 가게를 주로 하는데, 팔레스타인이 대항하고 있는 이스라엘 사람들은 조국에 무슨 일이 있으면 정리하여 바로 달려갈 수 있도록 환금성이 뛰어난 금 장사를 많이 합니다. 뉴욕 맨해튼 47번가에 즐비한 금 가게들은 한두 집 빼고는 다 이스라엘인이 운영합니다. 그런 이스라엘인을 상대하는 팔레스타인은 지원도 없고 가진 것도 없어 몸을 던지는 자살 테러로 자신의 땅과 후손을 지키려 합니다.

　이 장에서는 학생의 번역을 토대로 영어 원문의 구조와 표현을 우리말 구조와 표현으로 전환하는 번역 학습을 했습니다. 원문 내용의 전달력을 높이기 위해 직역보다는 의역을 하는 방향으로 설명했습니다. 그리고 한영 번역 실력을 향상시키기 위해 번역한 영어 원문을 활용한 학습 방법을 제시하고 정치 분야의 글을 번역할 때 주의할 표현을 정리해 보았습니다.

빵~ 터지는 Punchline

Two hunters are out in the woods when one of them collapses. He doesn't seem to be breathing and his eyes are glazed. The other guy whips out his phone and calls the emergency services. He gasps, "My friend is dead! What can I do?" The operator says "Calm down. I can help. First, let's make sure he's dead." There is a silence, then a gun shot is heard. Back on the phone, the guy says "OK, now what?" (extracted from *World's funniest jokes*)

사냥꾼 두 명이 숲으로 사냥을 가다 한 명이 쓰러졌습니다. 숨이 멈춘 것 같았고 동공이 흐려졌습니다. 남은 한 명이 휴대폰을 급히 꺼내서 119에 전화했습니다. 그는 "친구가 죽었어요. 어떻게 하죠?"라고 다급하게 물었습니다. 상담원이 "침착하시고 잘 들으세요. 먼저 사망한 게 확실한가요?" 하고 묻자, 잠시 응답이 없더니 '빵' 하는 총소리가 들렸습니다. 다시 휴대폰을 든 그 사냥꾼은 "네, 확실히 죽었습니다. 어떻게 하죠?" 하고 물었습니다.

('emergency service'는 원래 911번이지만 119로 번역했습니다. Localization translation(특정 지역의 문화 등을 반영한 번역)의 예입니다.)

02 경제

1. 원문

Those who predict capitalism's demise overlook its historical malleability

Capitalism has no equal when it comes to unleashing the collective economic energies of human societies. That is why all prosperous societies are capitalistic in the broad sense of the term: they are organized around private property and allow markets to play a large role in allocating resources and determining economic rewards. The catch is that neither property rights nor markets can function on their own. They require other social institutions to support them.

So property rights rely on courts and legal enforcement, and markets depend on regulators to rein in abuse and fix market failures. At the political level, capitalism requires compensation and transfer mechanisms to render its outcomes acceptable. As the current crisis has demonstrated yet again, capitalism needs stabilizing arrangements such as a lender of last resort and fiscal policy. In other words, capitalism is not self-creating, self-sustaining, self-regulating, or self-stabilizing.

The history of capitalism has been a process of learning and re-learning these lessons. Adam Smith's idealized market society required little more than a "night-watchman state." All that governments needed to do to ensure the division of labour was to enforce property rights, keep the peace, and collect a few taxes to pay for a limited range of public goods.

Through the early part of the twentieth century, capitalism was governed by a narrow vision of the public institutions needed to uphold it. In practice, the state's reach often went beyond this conception (as, say, in the case of Bismarck's introduction of old-age pensions in Germany in 1889). But governments continued to see their economic roles in restricted terms.

— Dani Rodrik, *Coming Soon Capitalism 3.0*

2. 배경지식

앞의 영어 영문의 필자는 대니 로드릭(Dani Rodrik) 하버드대 케네디 행정대학원 정치경제학 교수입니다. 그는 시장의 '보이지 않는 손'과 정부의 '보이는 손'이 조화와 균형을 이뤄야 한다는 의견을 고수하는 대표적인 학자입니다. 영어 원문은 세계 자본주의 경향의 변

대니 로드릭

천사를 언급하면서, 위기를 맞은 자본주의가 사라질 것으로 예측하는 학자들에 맞서 자본주의가 고비마다 적절히 수정되면서 오늘날까지, 그리고 앞으로도 계속 명맥을 유지할 것이라고 여러 사례와 함께 설명하고 있습니다.

3. 번역 강의

Those who predict capitalism's demise overlook its historical malleability

학생번역

자본주의 붕괴를 예측하는 사람은 역사적 유연성을 간과

관련설명

제목은 다양한 번역이 가능합니다. 기사 내용과 무관하거나 내용과 정반대의 제목도 많습니다. 평소 좋다고 생각되는 제목을 많이 암기하고 있는 것도 도움이 되는데, 저는 '자전거 도로 정책 엇바퀴', '현 정권과 선긋기에 들어가', '혁신은 길을 잃고 진보는 넋을 잃고' 등의 제목이 생각납니다. 무에서 유를 창조하기보다는 유에서 유를 창조하기가 훨씬 쉽기 때문입니다. 본문은 자본주의가 곧 붕괴될 것 같지만 역사를 통해 위기의 순간마다 건재했다는 내용이므로 '뚝심' 혹은 '오뚝이'로 번역해 보는 것은 어떨까요?

수정번역

자본주의의 뚝심

① **Capitalism has no equal** when it comes to unleashing the collective economic energies of human societies. That is why all prosperous societies are capitalistic ② **in the broad sense of the term**: ③ **they** are organized around private property and allow markets to play a large role in allocating resources and determining economic rewards. ④ **The catch** is that neither property rights nor markets can function on their own. They require other social institutions to support them.

학생번역

① **자본주의는** 인간 사회의 집약적 경제 에너지를 방출하는데 **동등한 것을 가지고 있지 않다.** 그게 모든 번성하는 사회가 ② **그 용어의 넓은 의미로** 자본주의인 이유이다. ③ **그들은** 사유재산을 중심으로 조직되고 시장이 자본을 배분하고 경제 보상을 결정하는 데 큰 역할을 하도록 한다. ④ **포착해야 할 점은** 재산권이나 시장이 자체적으로 기능하지 않는다는 것이다. 그들은 그것들을 지지해줄 다른 사회 기관이 필요하다.

관련설명

- capitalism has no equal의 equal은 capitalism과 대응되는 '경제 원리'를 가리킵니다. 그러므로 '자본주의는 대신할 경제 원리를 가지고 있지 않다'의 의미입니다.
- in the broad sense of the term에서 the term은 '자본주의'를 가리킵니다. 그리고 the broad sense는 '넓은 의미'라는 뜻으로, 그것이 본문에서 내포하는 뜻은 지역적 특성이나 상황에 따라 조금씩은 다르지만 넓은 의미에서는 자본주의로 볼 수 있다는 내용, 즉 정도의 차이는 있으나 큰 틀에서 보면 자본주의라는 내용입니다. 그러므로 학생이 '그 용어의 넓은 의미로'라고 번역한 이 부

분은 '기본적으로 자본주의 노선을 밟는'으로 번역해야 합니다.
- they는 앞의 prosperous societies를 받는 대명사입니다. 그러므로 '호황을 누리는 사회'로 번역할 수 있습니다.
- the catch는 그 뒤를 이어 자본주의의 문제점이 언급되므로 '문제점'으로 번역합니다.

수정번역

인간 사회가 갖고 있는 집단적 경제 에너지를 극대화하는 데는 자본주의만 한 경제 원칙이 없다. 그래서 호황을 누리는 사회는 다소 차이는 있지만 기본적으로 자본주의 노선을 밟고 있으며 사유재산을 보호하고 자원을 할당하며 경제적 보상에 대한 결정을 시장에 맡기고 있다. 다만 사유재산권이나 시장 둘 다 단독으로 제 기능을 하기가 어렵다는 문제점이 있다. 그러니 사회제도가 수반되어야 한다.

So property rights rely on courts and legal enforcement, and markets depend on ① **regulators to rein in abuse** and fix market failures. ② **At the political level**, capitalism requires ③ **compensation and transfer mechanisms to render its outcomes acceptable**. As the current crisis has demonstrated yet again, capitalism needs stabilizing arrangements such as ④ **a lender of last resort and fiscal policy**. In other words, capitalism is not self-creating, self-sustaining, self-regulating, or self-stabilizing.

학생번역

그래서 재산권은 법정과 법집행에 의지하고 시장은 ① **학대를 통제하고** 시장 실패를 고쳐 줄 **규제기를** 의지한다. ② **정치면에서는** 자본주의는 ③ **보상과** 그것의 결과를 받아들일 수 있는 **전달 메커니즘**이 필요하다. 다시 한 번 입증했듯이 자본주의는 ④ **마지막 의지할 대출자나 회계정책**과 같은 안전하게 하는 준비가 필요하다. 다시 말하면 자본주의는 스스로 만들어지고 유지하고 통제하고 안정화되지 않는다.

관련설명

경제 용어가 많이 있는 문단입니다. 그만큼 번역 시 주의할 점이 많다고 볼 수 있습니다. 하나씩 살펴보겠습니다.

- regulators to rein in abuse에서 먼저 regulators는 앞 문단의 social institutions를 바꾸어서 표현한 것으로, 보통 사회제도의 역할은 무언가를 '통제' 하는 것입니다. 이제 rein in abuse를 살펴보겠습니다. 일반적으로 abuse는 child abuse(아동 학대), drug abuse(약물 남용) 등으로 쓰입니다. 하지만 본문은 경제에 관한 내용이므로 '독점 등 시장 횡포' 로 번역합니다. 정리하면 '독점 등 시장 횡포를 규제할 사회제도' 가 됩니다.
- At the political level은 글자 그대로는 '정치적 단계' 지만 원문의 내용이 자본주의의 건재를 위해 시장과 정부의 역할을 규정하는 것이므로 '정부가 할 일은' 으로 번역합니다.
- compensation은 '보상' 이라는 뜻인데 정신적 보상, 물질적 보상, 심리적 보상 등 여러 가지 의미로 쓰일 수 있습니다. 여기서는 문맥에 맞도록 '경제적 보상' 으로 번역합니다. 다음으로 transfer mechanisms to render its outcomes acceptable에서 render its outcomes acceptable을 먼저 살펴보면 its outcomes는 '자본주의의 결과' 를 가리키므로, 정리하면 '자본주의로 인해 생기는 결과를 수용할 만한 이전 방식' 이 됩니다. 여기서 한 걸음 더 나아가 문맥에 맞게 한 번 더 고치면 '경제 부담 이전 방식' 으로 번역할 수 있습니다.

─ a lender of last resort and fiscal policy는 바로 직전에 언급된 '경제 부담 이전 방식'의 예가 되는 정책들입니다. lender of last resort와 fiscal policy는 각각 '최종 대출자'와 '재정정책'으로 번역되는데, 이는 일반 독자들에게 낯선 용어이므로 페이지 하단에 주석을 달든지, 괄호 안에 용어 설명을 해 주는 것이 필요합니다. 주석을 달기로 했다면 다음과 같이 정리합니다.

• 최종대출자〔lender of last resort, 最終貸出者〕 일반 은행이 지급불능 상태에 빠지는 경우 중앙은행이 이에 대처하게 되는데, 이와 같이 최종적으로 대출을 하게 되는 중앙은행을 말한다. 유럽 금융시장에는 중앙은행이 없으므로 최종대출자의 문제가 제기된다.

• 재정정책〔fiscal policy〕 재정정책은 기본적으로 경기역행적(counter-cyclical)으로 수립된다. 그러니까 불황일 때는 정부지출을 늘리고 세금은 줄이고, 호황일 때는 정부지출은 줄이고 세금은 늘린다.

수정번역

즉 재산권은 법적 장치가 필요하고 시장은 통제 장치를 갖춰 독점과 시장 실패를 막아야 한다. 정부 차원에서는 자본주의의 뒷감당을 하기 위해 재원 보충 및 부담 이전 방식이 필요하다. 현 경제 위기에서 재확인되듯, 자본주의는 최종대출자와 재정정책 같은 안전장치가 필요한 것이다. 자본주의 원리만으로는 생산이나 유지, 통제나 안정 상태를 이루기 어렵다.

The history of capitalism has been a process of learning and re-learning these lessons. Adam Smith's idealized market society required little more than a ① "**night-watchman state**." All that governments needed to do to ensure the ② **division of labour** was to enforce property rights, ③ **keep the peace**, and collect a few taxes to pay for a limited range of public goods.

학생번역

자본주의의 역사는 이런 교훈을 배우고 다시 배우는 과정이었다. 아담 스미스의 이상적인 시장 사회는 단지 ① '**야경국가**' 의 역할만을 요구했다. ② **노동의 분업**을 확실하게 하기 위해 정부가 해야 할 모든 것은 재산권을 집행하고 ③ **평화를 지키며** 제한된 공공재에 지불할 약간의 세금을 거두는 것이었다.

관련설명

- night-watchman state는 '야경국가' 가 맞는 번역이긴 하지만 본문 전체가 시장과 정부 각각의 역할에 대한 언급이기 때문에 구체적 의미를 강조하기 위해 역할을 최소화하는 정부라는 의미를 넣어 번역하는 것이 좋습니다. 그러니까 '정부가 최소한의 역할만을' 이라고 번역하면 됩니다. 예를 들어 번역 원문에 Dacca가 있을 때 검색을 해 보면 방글라데시의 수도라는 것을 알 수 있습니다. 이런 경우 그냥 '다카(Dacca)' 라고 번역할지, 그 앞에 '방글라데시의 수도' 라는 설명을 넣어 번역할지 생각해 볼 문제입니다. 생소할 수도 있는 지명에 간단한 설명을 덧붙이면 독자의 이해를 높일 수 있기 때문입니다.
- division of labor는 '노동의 분업' 이 맞습니다. 하지만 이렇게 번역하면 누구와 누구 사이의 노동의 분업인지를 알 수 없습니다. 앞뒤의 문맥을 살펴보면 이것이 '정부' 와 '시장' 의 분업을 의미한다는 것을 알 수 있으므로 '정부가 할 일' 정도로 번역하면 됩니다.
- peace의 기본적인 뜻은 '평화' 입니다. 하지만 정부가 국내의 '평화' 를 유지한

다는 표현은 어울리지 않으므로 평화로운 상태를 유지하는 '치안'으로 번역합니다.

수정번역

자본주의 변천사를 통해 인류는 이런 필요성을 거듭 학습해 왔다. 최초에 아담 스미스가 생각한 이상적인 시장경제는 정부가 최소한의 역할만 하는 '야경국가'였다. 시장과 정부의 할 일을 각각 강조하면서 정부의 역할은 개인 재산권 강화, 치안 유지 및 약간의 공공재 지출을 위한 소액의 세금 징수를 하는 것으로 제한되었다.

Through the early part of the twentieth century, ① **capitalism was governed by a narrow vision of the public institutions needed to uphold it**. In practice, the state's reach ② **often went beyond this conception** (as, say, in the case of Bismarck's introduction of old-age pensions in Germany in 1889). But governments continued to see their economic roles ③ **in restricted terms**.

학생번역

20세기 초반을 통해 ① **자본주의는 그것을 옹호하기에 필요한 공적 제도의 좁은 시야에 의해 지배되었다**. 사실 국가의 도달은 ② **이 개념을 종종 벗어났다**(즉 독일에서 1889년 비스마르크의 노령연금 도입에서 보듯이). 그러나 정부는 ③ **제한된 범위 내에서의** 그들의 경제적 역할을 계속했다.

관련설명

- capitalism was governed by a narrow vision of the public institutions needed to uphold it에서 먼저 narrow vision에 대해 살펴보겠습니다. narrow가 '좁은'의 의미이고 전체 원문이 시장과 정부의 개입 범위에 대한 것이니 정부가 '작은' 역할을 해야 한다는 의미입니다. 그다음의 public institutions가 '정부'를 의미하므로 narrow vision of the public institutions는 '작은 정부론'으로 번역합니다. 그리고 uphold it에서 it은 '자본주의'를 가리킵니다. 그러면 '아담 스미스의 논리에 따라 자본주의는 작은 정부를 지향했다'로 번역할 수 있습니다.

- went beyond this conception에서 this conception은 앞의 '작은 정부론'을 의미하는데 이를 벗어났으니 정부의 개입이 커진 적이 있었다는 의미가 됩니다. 필자는 그 예로 비스마르크의 노령연금정책을 들고 있습니다. 그러니까 비스마르크의 노령연금정책은 작은 정부론에서 벗어나 정부의 역할이 확대되었을 때의 일례로 번역합니다. 결국 위 문구는 '작은 정부의 역할을 벗어난'으로 번역합니다. 그리고 괄호 안의 문구는 '1889년 독일 비스마르크 수상의 노령연금 도입에서 보듯이' 혹은 '사실 1889년 독일 비스마르크 수상이 도입한 노령연금제도와 같이 정부 정책이 복지까지 확대되는 등'으로 풀어서 번역할 수 있습니다.

- in restricted terms는 앞의 narrow vision과 같은 의미로, 그럼에도 정부는 '작은 정부의 역할을 계속했다'는 의미로 번역합니다.

수정번역

20세기 초반까지 아담 스미스의 논리에 따라 자본주의는 작은 정부를 지향했다. 사실 1889년 독일 비스마르크 수상이 도입한 노령연금제도와 같이 정부 정책이 복지까지 확대되는 등 작은 정부의 역할을 넘어서는 제도도 있었지만, 대체로 정부는 개입을 최소화했다.

4. 영어 원문 활용법

Those who predict capitalism's demise **overlook its** historical **malleability** Capitalism **has no equal** when it comes to unleashing the collective economic energies of human societies. That is why all prosperous societies are capitalistic in the broad sense of the term: they are organized around private property and **allow** markets **to** play a large role in **allocating resources** and determining economic rewards. The catch is that neither property rights nor markets can function on their own. They **require** other social institutions to support them.

So property rights **rely on** courts and legal enforcement, and markets **depend on** regulators to **rein in** abuse and fix market failures. At the political level, capitalism requires compensation and transfer mechanisms to **render** its outcomes acceptable. **As** the current crisis **has demonstrated** yet again, capitalism needs stabilizing arrangements such as a lender of last resort and fiscal policy. In other words, capitalism is not self-creating, self-sustaining, self-regulating, or self-stabilizing.

The history of capitalism **has been a process of** learning and re-learning these lessons. Adam Smith's idealized market society required little more than a "night-watchman state." All that governments needed to do **to ensure** the division of labour was to **enforce** property **rights**, keep the peace, and collect a few taxes to pay for a limited range of public goods.

Through the early part of the twentieth century, capitalism was governed by a **narrow vision** of the public institutions needed to uphold it. **In practice**, the state's reach often **went beyond** this conception (as, say, in the case of Bismarck's introduction of old-age pensions in Germany in 1889). But governments continued to see their economic roles in restricted terms.

– Dani Rodrik, *Coming Soon Capitalism 3.0*

1 | overlook ~'s malleability는 '자생력(혹은 적응 능력)이 없다고 생각하다' 로 사용할 수 있습니다.

   ex. Don't overlook your inherent malleability. (당신의 탄력성을 간과하지 마세요. 당신 내부의 힘을 믿으세요.)

2 | has no equal은 우리말 '맞수가 없다', '최고다' 에 사용할 수 있습니다.

   ex. Kim has no equal in translation. (번역은 김이 제일 잘한다.)

3 | 'allow 목적어+to 부정사' 는 'enable 목적어+to 부정사' 와 같은 의미로 '할 수 있다' 혹은 '기회를 주다' 의 의미로 사용할 수 있습니다.

   ex 1. The internet allows us to study electronically. (인터넷을 이용해서 학습할 수 있다.)

   ex 2. The degree enables me to work what I like. (이 학위를 취득하면 하고 싶은 일을 할 수 있다.)

4 | '자원을 분배하다' 의 동사 allocate를 활용합니다.

ex. The government allocated 2 million U.S. dollars to support education. (정부가 교육비로 2백만 불(약 23억 원)을 책정했다.)

5 | require는 '요구하다'라는 뜻이지만 '있어야 한다' 또는 '가능하다' 등의 의미도 있습니다.

　　ex. Happy marriage requires mutual trust and loyalty. (상호 신뢰와 성실함이 있어야 행복한 결혼 생활이 가능하다.)

6 | rely on과 depend on은 '~에 의지하다'라는 뜻으로만 생각하지 말고, '믿다' 또는 '필요하다' 등으로 의미를 넓혀 활용하십시오.

　　ex 1. I depend on you to be on time. (네가 정각에 올 거라고 생각해.)
　　ex 2. We depend on medicine in sickness. (아플 때는 약이 필요하다.)

7 | rein in은 '통제하다'로 control과 동의어로 사용할 수 있습니다.

　　ex. We need to rein in public spending. (우리는 공공 지출을 줄여야 한다.)

8 | render은 make을 대신할 수 있는 단어입니다.

　　ex. The earthquake rendered thousands of people homeless. (지진 때문에 수천 명의 사람이 집을 잃었다.)

9 | 'as 주어+has demonstrated'는 '주어에서 알 수 있듯이'의 의미로 씁니다.

　　ex. as examples have demonstrated (보기에서 알 수 있듯이)

10 | has been a process of ~는 '~의 과정이었다'에 '계속하다'의 의미를 추가

합니다.

　　ex. Reading books is a process of realizing one's potential. (독서를 하다 보면 자신의 재능을 계속 깨닫게 된다.)

11 | to ensure는 to make sure와 같은 뜻으로 '~하기 위해서' 입니다. 한영 번역을 할 때 흔히 'in order to 동사'로 번역이 되는데 그다음에 절이 오는 경우에 유용합니다.

　　ex. Do study this book to ensure that you will be an excellent translator. (번역을 잘하기 위해서 이 책으로 공부하세요.)

　　cf. Do study this book in order for you to be an excellent translator.

12 | enforce right은 '권리를 실행하다'로 통째로 암기합니다. 한편 enforce law는 '법을 실행하다' 입니다.

　　ex. There are difficulties in enforcing rights. (권리를 실행하는 데 어려움이 있다.)

13 | narrow vision은 직역하면 '좁은 시각' 이지만 우리말 구조를 고려해 번역하면 '시각이 좁은' 으로 바뀝니다.

　　ex. He has a narrow vision of the world. (그는 세상을 보는 시각이 좁다.)

14 | in practice는 in fact와 비슷하게 쓰입니다.

　　ex. This is how it works, in practice. (사실 이렇게 운영되고 있습니다.)

15 | went beyond는 '~을 벗어나다', 즉 '~만이 아니다' 의 의미로 쓰입니다.

ex. Our concerns go beyond financial problems. (돈 문제만 있는 것은 아닙니다.)

5. 경제 분야 글 번역에서 주의해야 할 표현

다음은 경제 관련 글을 번역할 때 유의해야 할 표현입니다.

1 | The shareholders shall have **right of first refusal** to buy shares.
주주들은 특정 주식을 **구매할 권리**가 있다.

2 | Receiver's **Correspondent**: American Express Bank.
수익자의 **거래대행은행**은 아메리칸 익스프레스 은행이다.

3 | Two companies formed a **unique** partnership.
두 회사가 **단독** 제휴를 했다.

4 | I have **outstanding** bills to pay off.
나는 **체납된** 고지서들이 있다.

5 | Check your **bank balance**.
은행 잔고를 확인하세요.

6 | This table will allow you to estimate your monthly **principal** and **interest** payment.
이 표를 이용하면 매달 **원금**과 **이자** 상환액을 알 수 있다.

7 | Cost of **default** on sovereign debt
국가 부채 **지급 불능**에 따른 비용

cf. They won **by default**.
그들은 **부전승**으로 이겼다.

cf. Which font is the **default** in that computer program?

그 컴퓨터에서는 활자 크기의 **기본 값**이 몇입니까?

8 | Find out how to prepare your **financial plan**.

재테크를 어떻게 하는지 알아봅시다.

9 | **Hiring picture** is rosy in China.

중국에서의 **고용 상황**은 밝다.

10 | Investors **ran for the exits**.

투자자들이 **빠져나갔다**.

11 | The current system deepens social **inequality**.

현재 체제는 사회의 **양극화 현상**을 확산시킨다.

12 | We only handle **wholesale products**.

우리는 **도매 상품**만 취급합니다.

cf. **A wholesale** attack was made on Palestine.

팔레스타인에 **무차별** 공격이 행해졌다.

13 | The government introduced microcredit with no **collateral**.

정부는 무**담보** 소액대출을 시작했다.

cf. Manage the crisis to minimize **collateral damage**.

무고한 희생을 최소화하도록 위기를 해결하세요.

14 | When **the business cycle** turns downward, demand for **goods and services** drops.

경기순환이 좋지 않을 때는 **재화와 용역**에 대한 수요가 줄어든다.

15 | The Korean economy is heading for a **soft landing**.

한국 경제는 **연착륙**하려 한다.

cf. The spacecraft made a **soft landing** on the moon.

우주선이 달에 **연착륙**했다.

16 | We need to target most of the **stimulus package** to job creation.

경기부양책의 대부분은 일자리 창출로 이어져야 한다.

17 | The **economic indicators** are good.

모든 **경제지표**가 양호하다.

18 | **Negative growth** will be expected in the American economy.

미국 경제가 **마이너스 성장**이 예상된다.

19 | We need to boost **domestic demand**.

내수를 늘려야 합니다.

20 | The company **was listed** on the stock market.

그 회사가 주식시장에 **상장되었다**.

6. 총정리

학생들이 자신의 번역에 왜 그렇게 오역이 많은지 모르겠다고 탄식하는 소리가 종종 들립니다. 가장 큰 이유는 원문 분석 시간이 짧기 때문이라고 생각합니다. 원문을 여러 번 읽으면서 전반적인 의미를 먼저 파악해야 합니다. 그런데 학생들은 모르는 것을 찾는 데만 급급하지 전반적인 의미 파악에는 소홀합니다. 의미를 정확히 파악하지 못한 상황에서 번역을 하니 글자 그대로 번역하게 되고 결국 오역이 많이 나오게 됩니다. 그러니 의미 파악이 어려운 부분이 있다면 '왜'라는 질문과 함께 앞뒤를 연결해 계속 반복하여 읽기를 권합니다.

경제 분야의 영어 원문은 아담 스미스가 경제학 이론을 세운 자본주의가 시대에 따라 수정을 거듭하면서도 탄력적으로 이어져 왔다는 내용이었습니다. 생각해 보면 아담 스미스는 1723년에 태어나 1790년에 죽었으니 200년도 훨씬 전에 살았던 사람입니다. 그렇게 오래전에 만들어진 이론임에도 아직까지도 경제 원리 하면 그가 가장 먼저 언급됩니다. 위대함은 동서고금을 초월하는가 봅니다.

　이번 장에서는 자본주의 변천사와 함께 영어 원문을 활용해 영어 표현력을 높이는 방법을 연습해 보았습니다. 그리고 경제 분야 번역 시 주의해야 할 표현들도 살펴보았습니다.

빵~ 터지는 Punchline

The biggest beer producers in the world meet for a conference, and at the end of the day, the presidents of all the beer companies decide to have a drink together at a bar. The President of Budweiser naturally orders a Bud, The president of Miller orders a Miller, Aloph Coors orders a Coors, and so on down the list. Then the bartender asks Arthus Guinness what he wants to drink, and to everybody's amazement, he orders tea! Why don't you order a Guinness? His colleagues ask suspiciously, wondering if they've stumbled on an embarrassing secret.

"Naaaah," replies Guinness. "If you guys aren't going to drink beer, then neither will I."

세계적인 대형 맥주회사 대표들이 회의 차 만난 김에 저녁에 모두 같이 한잔하기로 했습니다. 먼저 버드와이저 사장은 당연히 버드와이저 맥주를 주문했습니다. 밀러 사장은 밀러를, 쿠어스 사장은 쿠어스를, 그런 식으로 각각 주문을 마쳤습니다. 기네스 맥주회사 사장이 주문할 순서가 되었을 때 그가 맥주 대신 '차'를 주문해서 좌중의 눈이 휘둥그레졌습니다. 다른 사장들이 "왜 기네스 맥주를 주문하지 않는 거요?"라고 물으며 무슨 대답을 하려나 궁금해했습니다.

기네스 사장은 "못 마시죠."라고 말하며 이렇게 덧붙였습니다. "사장님들이 맥주를 안 드시는데 저만 맥주를 마실 수가 있나요?"
(기네스 맥주의 자존심과 긍지를 엿볼 수 있는 얘기입니다. 아일랜드인이나 영국인들은 기네스 맥주를 "a meal in a glass"라고 하며 식사만큼 사랑한답니다.)

03 문학

1. 원문

Memoirs of a Geisha

Suppose that you and I were sitting in a quiet room overlooking a garden, chatting and sipping at our cups of green tea while we talked about something that had happened a long while ago, and I said to you, "That afternoon when I met so-and-so… was the very best afternoon of my life, and also the very worst afternoon." I expect you might put down your teacup and say, "Well, now, which was it? Was it the best or the worst? Because it can't possibly have been both!" Ordinarily I'd have to laugh at myself and agree with you. But the truth is that the afternoon when I met Mr. Tanaka Ichiro really was the best and the worst of my life. He seemed so fascinating to me, even the fish smell on his hands was a kind of perfume. If I had never known him, I'm sure I would not have become a geisha.

I wasn't born and raised to be a Kyoto geisha. I wasn't even born in Kyoto. I'm a fisherman's daughter from a little town called Yoroido on the Sea of Japan····. One day many years ago I was pouring a cup of sake for a man who happened to mention that he had been in Yoroido only the previous week. Well, I felt as a bird must feel when it has flown across the ocean and comes upon a creature that knows its nest. I was so shocked I couldn't stop myself from saying:

"Yoroido! Why, that's where I grew up!"

This poor man! His face went through the most remarkable series of changes. He tried his best to smile, though it didn't come out well because he couldn't get the look of shock off his face····.

"Yoroido?" he said. "You can't mean it."

"The very idea!" he said, with another big laugh. "You, growing up in a dump like Yoroido. That's like making tea in a bucket!" And when he'd laughed again, he said to me. "That's why you're so much fun, Sayuri-san. Sometimes you almost make me believe your little jokes are real."

I don't much like thinking of myself as a cup of tea made in a bucket, but I suppose in a way it must be true. After all, I did grow up in Yoroido, and no one would suggest it's a glamorous spot. Hardly anyone ever visits it. As for the people who live there, they never have occasion to leave. You're probably wondering how I came to leave it myself. That's where my story begins.

2. 배경지식

1930~1940년대의 유명한 게이샤가 고백하는 형태로 쓴 소설입니다. 일본에서 어린 시절을 보낸 아서 골든(Arther Golden) 콜롬비아대 교수가 9년이란 긴 시간을 들여 소설로 완성한 작품입니다. 이 소설은 영화화되기도 했는데 배경은 일본이고 원작자는 미국인이고 게이샤인 주인공 역은 중국의 톱스타 장쯔이가 맡는 등 다문화 가정 같은 분위기입니다. 게이샤 역은 당연히 일본 배우일 것이라고 예상했었는데 중국 배우가 낙점된 것을 보면 우리만 한국인, 중국인, 일본인을 나누지 외국인의 눈에는 다 똑같은 아시아인으로 보이는 모양입니다.

3. 번역 강의

Memoirs of a Geisha

학생번역
게이샤의 추억

관련설명
앞서 얘기했듯 제목은 다양하게 번역할 수 있습니다. Memoirs가 '회고'이니 '추억'으로 바꾸지 말고 그대로 사용해도 좋을 것 같습니다. 그 밖의 다른 번역을 생각해 보면 학생의 번역을 조금 비틀어서 '추억 속의 게이샤' 또는 게이샤의 삶을 그려 나간 것이니 '어느 게이샤의 이야기'로 번역하는 것도 좋을 것 같습니다.

① **Suppose that** ② **you and I** were sitting in a quiet room overlooking a garden, chatting and sipping at our cups of green tea while we talked about something that had happened a long while ago, and ③ **I said to you**, "That afternoon when I met so-and-so… was the very best afternoon of my life, and also the very worst afternoon." ④ **I expect you might put down your teacup and say**, "Well, now, which was it? Was it the best or the worst? Because it can't possibly have been both!"

학생번역

② 당신과 내가 정원이 내려다보이는 조용한 방에서 녹차를 마시면서 이야기하고 앉아 있다고 ① **생각해 보자**. 오래전 일어난 일을 얘기하는 동안 ③ **나는 당신에게** "그날 오후 내가 누군가를 만났을 때가 가장 내 인생의 최고의 오후였고 최악의 오후였다."고 **말한다**. ④ 나는 당신이 당신의 찻잔을 내려놓고 말할 거라고 예상한다. "글쎄, 그럼 어느 쪽이에요? 최고였다는 거예요, 최악이라는 거예요? 왜냐하면 둘 다일 수는 없잖아요."

관련설명

원문은 노년의 게이샤가 자신의 지난날을 회고하는 내용입니다. 그러니 먼저 그런 분위기에 맞는 어조나 표현을 생각해 봐야겠습니다. 평생 손님을 맞는 일을 했고, 특히 일본 여성이니 딱딱한 어조보다는 부드러운 어조가 적합할 것 같습니다. 그리고 전문을 읽어 보면 자신이 살아온 인생에 대한 회한이 느껴지는 어조이니 이도 고려해야겠습니다. 나이가 들어 자신의 어린 시절부터 소개하는 내용이니 전문을 번역하게 된다면 어조에서 점차 연륜이 느껴지도록 하는 것도 필요합니다.

-suppose that은 실제로 그런 일이 있었던 것이 아니고 그럴 경우를 상상해 보

자는 뜻입니다. 게이샤가 자신의 이야기를 끌어내도록 설정된 장면입니다. 그러니 '생각'이라는 딱딱한 표현보다는 '~하면 어떨까' 식의 여성스러운 표현으로 부드럽게 시작하면 좋을 듯합니다.

─ you and I는 글자 그대로는 '당신과 나'이지만 you는 '여러분'으로도 번역되므로 지칭하는 대상의 폭이 넓습니다. 본문은 소설이니 주인공이 '독자들'에게 자신의 이야기를 털어놓고 있다고 생각하면 좋겠습니다.

─ I said to you의 said는 뒤의 내용을 생각해 '털어놓다'로 번역합니다.

─ I expect you might put down your teacup and say, "Well, now, which was it?"에서 I와 you는 번역 시 불필요한 부분이므로 생략합니다. 우리말은 주어가 생략되는 경우가 많기 때문입니다.

그리고 두 사람의 대화와 행동을 상상해 보면, 마시던 찻잔을 바로 내려놓는 행동은 상대방의 말이 이해되지 않는다는 의미를 담고 있습니다. 게다가 which was it?은 앞서 말한 '좋기도 하고 나쁘기도 했던 둘 중 어느 쪽이냐'며 어이없어 한다는 말입니다. 왜냐하면 한 사건이 좋기도 하고 나쁘기도 하다는 것이 이해가 되지 않는다고 하는 대사가 그다음에 나오기 때문입니다. 그러니 글자만 보는 것이 아니라 상황과 더불어 의미의 연결성을 파악해 그 의미가 이어지도록 번역해야 합니다.

수정번역

정원을 내다보고 앉아 녹차 컵을 만지작거리며 옛날이야기를 하다가 불쑥 "옛날에 어떤 사람을 만난 오후가 내 인생 최고의 행복한 시간도 되었지만 동시에 불행의 시작이었지."라고 털어놓으면 독자라면, 어떻게 하시겠어요? 아마 마시던 찻잔부터 내려놓으면서 "네? 좋았다는 거예요? 나빴다는 거예요? 좋기도 하고 나쁘기도 하다는 게 말이 되요!"라며 고개를 갸우뚱하시겠지요.

① **Ordinarily** I'd have to laugh at myself and ② **agree with you**. But the truth is that the afternoon when I met ③ **Mr. Tanaka Ichiro** really was ④ **the best and the worst of my life**. He seemed so fascinating to me, ⑤ **even the fish smell on his hands was a kind of perfume**. If I had never known him, I'm sure I would not have become a geisha.

학생번역

① **보통은** 나 자신을 향해 웃고 ② **당신에게 동의한다**. 그러나 진실은 내가 ③ **타나카 이치로 씨**를 만난 오후가 정말 ④ **내 인생의 최고이자 최악이었지**. 그는 나에게 너무 매력적으로 보였고 ⑤ **그의 손에서 나는 생선 냄새도 향수 같았지**. 내가 그를 몰랐다면 확실히 게이샤가 되지는 않았을 것이다.

관련설명

- ordinarily는 이런 얘기를 처음 한 것이 아니고 이전에도 몇 번 했던 적이 있다는 의미를 담고 있습니다. 그런 의미가 들어가도록 번역합니다.
- agree with you는 앞 문장의 행동과 연결하여, 상대에게 맞장구를 치지만 속은 그렇지 않은 그런 느낌이 살도록 번역해야 합니다.
- Mr. Tanaka Ichiro의 번역입니다. 일본 이름은 우리나라와 같이 성, 이름의 순서입니다. 일본 사람을 부르는 명칭이니 그 문화를 반영해서 '다나까 상'으로 번역하거나 직함이 회장으로 나오니 '다나까 회장'으로 번역해도 좋습니다. 한편 이 소설의 전문을 번역한다면 원문에서 같은 인물을 '이치로' 또는 '다나까'로 부르고 있음에 주의해야 합니다.

이름을 번역할 때 주의할 사항 두 가지가 있습니다. 첫째는 사람을 '성'으로 부르는 것은 '이름'으로 부르는 경우보다는 거리감이 있다는 의미임을 알아야 합니다. 그러므로 성으로 부를 때는 다소 서먹한 느낌이 실리도록 번역하고, 반대로 이름으로 부를 때는 좀 더 가까운 느낌이 나도록 번역합니다. 둘째는 그러면서도 동일인임을 알 수 있도록 번역해야 합니다.

─the best and the worst of my life는 뒤 문장과의 연결을 생각하며 번역해야 합니다. 뒤에 나오는 두 문장 중 '그 사람이 너무 좋았다' 라는 앞 문장은 the best의 내용이고, '그 사람 때문에 게이샤가 되었다' 는 다른 한 문장은 the worst의 내용이기 때문입니다.

─even the fish smell on his hands was a kind of perfume은 사람이 좋아지면 그 사람의 땀 냄새도 좋아진다는 얘기입니다. 사실 그런 사람을 만나는 일은 누구에게나 오는 행운이 아닙니다. 다나카 상의 직업이 생선을 다루는 일은 아니니 '글자 그대로 생선 냄새' 가 난다고만 하면 어색한 번역이 될 것입니다. 그 대신 일본 사람들이 생선을 자주 먹으니 그런 사실과 연결시켜 번역하는 것이 좋겠습니다.

수정번역

지금까진 "그러게 말이에요."라고 맞장구를 쳐 주며 웃음으로 넘기곤 했지만 사실 다나까 이치로 회장을 만났던 때가 그랬답니다. 손에서 나는 생선회 냄새 같은 것도 향수 같다고 느낄 정도로 좋아했으니까요. 그렇지만 다나까 회장님만 아니었다면 게이샤가 될 일은 없었을 테니 그분과의 만남이 최상이면서 최악이라고 할 수밖에요.

I wasn't born and raised to be a ① **Kyoto geisha**. I'm a fisherman's daughter ② **from a little town called Yoroido on the Sea of Japan**⋯. One day many years ago I was pouring a cup of sake for a ③ **man who happened to** mention that he had been in Yoroido only the previous week. Well, ④ **I felt as a bird must feel when it has flown across the ocean and comes upon a creature that knows its nest.** ⑤ **I was so shocked I couldn't stop myself from saying:**

"Yoroido! Why, that's where I grew up!"

학생번역

나는 ① 교토 게이샤로 태어나지도 자라지도 않았다. ② 일본해에 있는 요로이도라 불리는 작은 마을의 어부의 딸이다. 수년 전 어느 날 전 주에 ③ 요로이도에 있었다는 말을 우연히 한 남자에게 술을 따르고 있었다. 글쎄, ④ 나는 새가 대양을 날아와 자신의 둥지를 아는 생물체를 만난 것 같은 느낌을 받았다. ⑤ 나는 너무 충격을 받아 나 자신이 말하는 것을 멈출 수 없었고 "요로이도! 와, 제가 자란 곳이에요!"라고 외쳤다.

관련설명

- 본문에서 왜 geisha가 아닌 Kyoto geisha라는 표현을 사용했는지, 그것이 내포하는 의미를 고민해야 합니다. 에도 시대에 정치의 중심지였고 그때부터 교토의 게이샤를 정통으로 여겼기 때문입니다.
- from a little town called Yoroido on the Sea of Japan에서 '요로이도'는 작가가 만들어 낸 지명으로 실제로 존재하지는 않습니다. 한편 the Sea of Japan은 일본 측에서 보면 '일본해'이지만 우리나라에서는 '동해'라고 부르는 바다입니다. 이런 사실을 알아야 일본이 작품의 배경이니 '일본해'로 표기할지 혹은 우리나라 독자의 입장을 고려해 '동해'로 표기할지를 결정할 수 있습니다. 이렇게 배경지식을 알고 번역해야 올바른 번역이 나오는 예는 무수히 많지만 한

가지만 예를 들어 보겠습니다.

To keep moving was always safer than lingering in one place, and there was nothing back at the depot to eat, anyway. There were a few scruffy soldiers drinking and **playing cards** by the depot shack, though their presence could only mean trouble, even for a girl her age.

프린스턴 대학에서 영문학을 강의하고 있는 재미 교포 이창래 작가의 소설 『The Surrendered』의 일부입니다. 소설의 배경은 우리나라의 6·25 전쟁 직후로 원문에 나오는 playing cards는 '카드를 하다'가 아닌 '화투를 치다'로 번역하는 것이 옳습니다.

― man who happened to mention…의 번역이 중요합니다. 글자로는 '요로이도에 다녀왔다고 우연히 언급한 남자'이지만 그렇게만 번역해서는 그 뒤에 일어난 사건을 설명하기가 어렵습니다. 그다음 문단에 요로이도라는 곳이 얼마나 오지 마을인지가 드러나고 있으므로, '촌구석'의 의미가 가미되도록 번역해서 다음 내용과 연결되도록 번역해야 합니다.

― I felt as a bird must feel when it has flown across the ocean and comes upon a creature that knows its nest는 글자 그대로 번역해서는 의미 전달에 실패하는, 번역하기가 상당히 까다로운 부분입니다. 원문을 살펴보면 작가가 주인공을 '새'에 빗대어 한 폭의 그림을 보듯이 묘사하고 있으니 번역도 그렇게 해야 할 것입니다. 의미는 '고향을 멀리 떠나 날아온 새(주인공)가 자신의 고향을 아는 생물체(남자 손님)를 우연히 만난 느낌'이니 이제 원문의 구조와 표현에서 벗어나 작문을 하듯 매끄럽게 번역합니다.

― I was so shocked I couldn't stop myself from saying: "Yoroido! Why, that's where I grew up!" 이 문장 역시 표현을 충분히 살려야 의미가 매끄럽게 전달되는, 번역하기 까다로운 부분입니다. 먼저 전달하려는 의미를 세밀히 파악한 후 적절한 표현을 찾습니다. I was so shocked를 그대로 '충격을 받았다'로 번역하기보다 '너무 뜻밖이었다'로 번역해야 앞 문장과 연결성을 살린 번역이 됩니다. 정리하자면 '전혀 생각도 못한 말을 들어서 자기도 모르게 그곳이 자기 고향이라고 말했다'는 의미로, 이어지는 남자 손님의 어쩔 줄 몰라 하는 반응을 불러일으킬 수 있는 표현으로 번역해야 합니다.

수정번역

저는 교토 출신 게이샤(藝者)도 아니고 어릴 때 살아 본 적도 없었어요. 교토 출신은커녕 고작 일본해('동해'의 일본 명칭) 요로이도 마을의 어부의 딸이었으니까요. 몇 년 전 손님에게 술을 따르는데 이런저런 말끝에 그 전주에 요로이도에 갔다 왔는데 그런 곳에도 사람이 살더라는 얘기를 꺼내셨어요. '요로이도'라는 말을 듣는 순간 바다 건너 고향을 떠난 새가 고향붙이를 만난 듯 반가움이 앞섰어요. "어머나, 제 고향이에요."라는 말이 나도 몰래 불쑥 입 밖으로 나와 버렸으니까요.

① **This poor man**! His face went through the most remarkable series of changes. He tried his best to smile, though it didn't come out well because he couldn't get the look of shock off his face….

"Yoroido?" he said. ② "**You can't mean it**."

"The very idea!" he said, with another big laugh. "You, growing up in a dump like Yoroido. That's like ③ **making tea in a bucket**!" And when he'd laughed again, he said to me, "That's why you're so much ④ **fun, Sayuri-**

san. Sometimes you almost make me believe your little jokes are real."

학생번역

① **이 불쌍한 남자**! 그의 얼굴이 가장 현저한 변화를 보여 주었다. 최선을 다해 미소를 지으려 했지만 자신의 얼굴에서 충격을 떨칠 수 없어서 잘되지 않았다. "요로이도라고요?" 그가 말했다. ② "**당신은 의미하는 것 아니죠**."
"바로 그 생각!" 그는 또 다른 큰 웃음을 가지고 말했다. "당신이 요로이도 같은 쓰레기통에서 자랐다고. 그것은 ③ **양동이에 차를 만드는 것**과 같아!" 그리고 그가 다시 웃었을 때, 그는 나에게 말했다. "그게 사유리 상 당신이 그렇게 ④ **재미있는 이유야**. 때때로 당신은 내가 당신의 작은 농담이 진짜처럼 거의 믿게 만들지."

관련설명

- This poor man의 poor도 문맥에 따라 다양한 표현으로 번역되어야 하는 형용사입니다. 여기서는 요로이도가 고향인 주인공 앞에서 요로이도에 관한 험담을 하고 만 남자의 표정을 번역해야 합니다. 그러므로 '당황한 기색이라니!' 정도로 번역합니다.
- you can't mean it은 글자 그대로의 번역보다는 입장을 무마시키려는 의도를 반영해 번역해야 합니다. 이는 문단 끝에 있는 남자의 대사에 나오는 joke와 연결되도록 '농담이겠지'로 번역합니다.
- making tea in a bucket에서 tea는 '주인공'을, a bucket는 '요로이도'를 가리킵니다. 남자는 그런 사실을 농담으로 돌리기로 작정하고 이렇게 얘기하고 있습니다. 그리고 한 가지 주의할 사항은 작가가 수사법 중 하나인 은유법을 사용한 문장이니 비유한 대상을 살려 번역해야 한다는 점입니다. 예를 들어

"Man is a prisoner in a solitary tower."를 '인간은 고독하다.'가 아닌 '인간은 고독이라는 탑에 갇힌 죄수이다.'로 번역하거나 "I felt chained to the sink."를 '하루 종일 설거지만 했다.'가 아닌 '하루 종일 싱크대에 붙어살았다.'로 번역하는 것은 은유법을 살려 번역하는 것입니다. 그러므로 본문은 은유법을 살려 '양동이에 차를 만드는 것과 같다.'로 번역합니다.

– … fun, Sayuri-san. Sometimes you almost make me believe your little jokes are real의 번역은 앞의 fun과 뒤의 문장이 연결되도록 번역하는 것이 중요합니다.

수정번역

손님의 당황하신 기색이라니! 제 고향이란 말에 자리를 무마하려 표정이란 표정은 다 지으시더라고요. 헛웃음도 쳐 보셨지만 그것도 별 효과는 없었어요. 그러다 "요로이도 같은 데서 왔다고? 에이 농담이지. 그건 양동이에 녹차를 내는 것과 같은 거야."라고 하시면서 "사유리 상은 유머감각이 있어. 농담을 진짜인 양해서 사람이 속아 넘어간다니까."라고 하셨어요.

I don't much like thinking of myself as a cup of tea made in a bucket, but I suppose in a way it must be true. ① **After all, I did grow up in Yoroido, and no one would suggest it's a glamorous spot**. Hardly anyone ever visits it. ② **As for the people who live there, they never have occasion to leave**. ③ **You're probably wondering** how I came to leave it myself. ④ **That's where my story begins**.

학생번역

나도 나 자신을 양동이에서 만들어진 녹차로 생각하기 싫지만 어떤 면에서는 사실이라고 생각해. ① **결국 나는 요로이도에서 자랐고 누구도 그곳을 멋진 곳이라고 하지는 않지**. 그곳을 방문하는 사람도 거의 없어. ② **거기에 사는 사람들도 떠날 일이 거의 없어**. ③ **당신은 아마** 어떻게 내가 그곳을 떠나오게 되었는지 **궁금할 거야**. ④ **거기서 내 이야기가 시작되지**.

관련설명

쉬운 문장이라 학생의 번역도 오역은 없습니다. 하지만 문장에 원문의 의미가 잘 드러나도록 한 번 더 생각해 표현을 다듬어야겠습니다.

- After all, I did grow up in Yoroido, and no one would suggest it's a glamorous spot은 주인공인 사유리가 교토에서 오랫동안 생활하고 난 후에 자기 고향을 떠올리며 고백하는 장면입니다. 비교할 대상이 없으면 그게 다인 줄 알고 살지만, 교토와 비교해 보니 요로이도라는 곳이 얼마나 낙후되어 있었는지 알겠다는 심정으로 말하고 있습니다.

- As for the people who live there, they never have occasion to leave는 요로이도에 사는 사람들이 그곳을 떠나고 싶지 않아서 떠나지 않는 것이 아니라 떠날 주변머리도, 형편도 안 된다는 느낌이 나도록 번역하는 것이 중요합니다.

- You're probably wondering은 과거를 회상하다가 현실로 돌아오는 부분이므로 그런 느낌이 나도록 번역하는 것이 좋겠습니다.

- That's where my story begins는 that이 가리키는 내용을 밝혀서 번역해야 합니다. that은 앞 문장의 '내가 어떻게 떠나오게 되었는지'이고, 떠나온 시점부터 이야기를 하겠다는 의미입니다.

> 수정번역

양동이에서 만든 차 취급을 받는 것이 좋을 사람은 없겠지만 아니라고 할 수도 없는 걸 어쩌겠어요. 누가 봐도 번듯한 곳은 못되니까요. 타지 사람이 드나드는 일은 거의 없고, 고향 사람들은 태어나서 어디 한번 나가 보지도 못하고 그렇게 살다가 죽어 가지요. 이쯤 되면 그런 마을의 아이가 어쩌다 지금 여기서 이러고 있는지 궁금하실 테죠. 요로이도에 살던 이야기부터 해 볼까 싶네요.

4. 영어 원문 활용법

Memoirs of a Geisha

… I wasn't born and raised to be a Kyoto geisha. I wasn't even born in Kyoto. I'm a fisherman's daughter from a little town called Yoroido on the Sea of Japan…. One day many years ago I was pouring a cup of sake for a man who **happened to mention** that he had been in Yoroido only the previous week. Well, I felt as a bird must feel when it has flown across the ocean and **comes upon** a creature that knows its nest. I was so shocked I **couldn't stop myself from saying**:

"Yoroido! Why, that's where I grew up!"

This poor man! His face **went through** the most remarkable series of **changes**. He tried his best to smile, though it didn't come out well because he couldn't get the look of shock off his face….

"Yoroido?" he said. "You can't mean it."

"The very idea!" he said, **with another big laugh**. "You, growing up in a dump like Yoroido. That's like making tea in a bucket!" And when he'd laughed again, he said to me, "That's why you're so much fun, Sayuri-san. Sometimes you almost make me believe **your little jokes are real**."

I don't much like thinking of myself as a cup of tea made in a bucket, but I suppose in a way it must be true. After all, I did grow up in Yoroido, and no one would suggest it's a **glamorous spot**. Hardly anyone ever visits it. As for the people who live there, they never have **occasion** to leave. You're probably wondering how I came to leave it myself. That's where my story begins.

1 | happen to mention은 '우연히 언급하다'의 의미입니다. 줄리아 포댐이 부른 〈Did I happen to mention〉의 가사를 살펴보겠습니다.

  ex. Did I happen to mention that I love you? Did I happen to mention it's you who see me through? Did I happen to mention I'm waiting for your move? (제가 혹시 사랑한다고 했나요? 제가 혹시 당신 덕분에 살고 있다고 말했나요? 제가 혹시 당신이 와 주기를 기다린다고 말했나요?)

2 | come upon은 meet unexpectedly, 즉 '우연히 만나다'의 의미입니다.

  ex. I came upon my ex-boyfriend on the street after 10 years. (옛 남자 친구를 우연히 길에서 10년 만에 마주쳤다.)

3 | couldn't stop myself from saying은 '불쑥 말하다' 입니다. 다른 표현으로는 speak abruptly가 있습니다.

  ex. I couldn't stop myself from saying what I would regret later. (나중에 후회할 말을 불쑥 해 버리고 말았어요.)

4 | went through ~ changes는 experience changes, 즉 '변화를 겪다'의 의미입니다. 이것은 블랙 사바스의 노래 〈Changes〉에도 나오는 표현입니다.

> *ex.* She was my woman / I loved her so / But it's too late now / I've let her go / I'm going through changes / I'm going through changes (그녀는 나의 여인이었네 / 그만큼 사랑했었지 / 하지만 이제 늦었어 / 붙잡지 않았으니까 / 내 인생이 달라지고 있어 / 달라지고 있어 내 인생이)

5 | with another big laugh는 laugh loudly again과 같은 의미로 '한 번 더 크게 웃으며'로 번역할 수 있습니다.

> *ex.* He greeted her with another big laugh. (그는 한 번 더 크게 웃으며 그녀에게 인사했다.)

6 | your little jokes are real은 '농담이 진짜 같다'는 의미의 표현입니다.

7 | glamorous spot은 '화려한 곳'이라는 뜻입니다. attractive spot이라고 표현할 수도 있습니다.

> *ex.* To be fair, Las vegas is a glamorous spot. (확실히 라스베이거스는 화려한 곳이다.)

8 | occasion은 a time when something happens, 즉 어떤 일이 일어나는 특정한 때(기회, 경우)를 의미합니다.

참고로 "What's the occasion?"과 "What's up?"의 차이점은 다음과 같습니다.

You look *nice*. What's the *occasion*? (좋은 일)

You look *sad*. What's *up*? (좋지 않은 일)

5. 문학 분야 글 번역에서 주의해야 할 표현

문학 작품의 번역은 역시 표현력이 관건입니다. 독자가 한국 소설을 읽듯이 편안하게 읽을 수 있도록 우리말 표현을 살려야겠습니다. 그런 번역에 도움이 될 수 있는 몇 가지 표현을 정리해 보았습니다.

1 | It is a **powerful** story.

　　박진감 넘치는 이야기다.

2 | She is **barely seen**.

　　그녀가 **보일락 말락** 한다.

3 | **There will be nothing that can be done about it**.

　　속수무책이다.

4 | It is **a problem that requires urgent attention**.

　　당면 과제이다.

5 | He **makes the first move**.

　　그는 **솔선수범**형이다. / 그는 **앞장을 선다**.

6 | The city **failed to respond at the early stage**.

　　시 당국은 **늑장 대응**을 했다.

7 | He caused **unnecessary** fear.

　　그는 사람들을 **괜히** 불안하게 만든다.

8 | The child **is afraid of his own shadow**.

그 아이는 **지레 겁을** 먹는다.

9 | It happens **routinely**.

툭하면 그런다.

10 | He **obediently** did what I said.

그는 내 말을 **순순히** 들었다.

11 | The punishment was **not strong**.

솜방망이 처벌이었다.

12 | This is **the book that doesn't belong to this library**.

이 책은 **외부** 도서이다.

13 | She is accused of **indecent exposure**.

그녀는 **과도한 노출**로 비난을 받고 있다.

14 | **I made a trip for nothing**.

헛수고였다.

15 | I don't want to go **for some inexplicable reason**.

왠지 가고 싶지 않다.

16 | Her beauty is **hard to miss**.

눈에 띄는 외모다.

17 | The university **offered free tuition**.

대학 당국은 **등록금 전액을 면제해 주었다**.

18 | **I am overwhelmed** by his grade.

그의 성적 때문에 **주눅이 들었다**.

19 | **Everything** goes wrong.

하나부터 열까지 잘못되었다.

20 | My parents **blindly** supports me.

부모님이 나에게 후원을 **아끼지 않으신다**.

6. 문학 번역의 특징

18세기 영국 최고의 시인 로드 바이런(Lord Byron)이 옥스퍼드 대학 시절 종교학 시험을 볼 때의 일입니다. 시험 주제는 '물을 포도주로 바꾼 예수의 기적'이고 두 시간 동안 서술하는 시험이었습니다. 이 시험에서 바이런은 단 두 줄로 최고 학점을 받았는데, 그 두 줄은 "When water saw its creator, it turned abashed."였습니다. 번역하면 '물이 자신을 빚은 조물주를 보자 얼굴이 상기되었다.' 정도 되겠지요. 이 정도의 감성을 가져야 문학을 한다고 할 수 있습니다. 적어도 그런 감성을 흉내라도 내거나 그런 자세를 가지려고 노력이라도 해야 좋은 문학 번역이 나올 것입니다. "Art is long, life is short."이라는 말처럼 문학 작품은 영원할 것이고 번역 작품도 영원할 것입니다.

학생들의 문학 번역을 보면 오역 없이 의미 전달은 정확히 되어 있는데, 문학적 감성이라고 할까, 어떤 울림이 없는 번역이 많습니다. 문학 작품은 르포나 다큐멘터리와 같은 보고서가 아니라 상상 속에 그려진 허구의 세계입니다. 그러니 그 번역도 정확한 의미 전달에 그칠 것이 아니라 그 위에 안개와 같은 감성을 덧입혀 글자 사이에 숨겨진 느낌을 드러낼 수 있어야 합니다.

그러기 위해서는 원문을 읽을 때 글자만 보는 것이 아니라 '왜' 이런 말을 하고 있는지를 상상하면서 문장 속에 숨어 있는 희로애락을 읽어 내야 합니다. 주인공은 물론이고 때로는 문장 뒤에 숨어 있는 작가와도 이야기를 나눠야 합니다. 쉽게 번역되는 문장인데, 이상하게도 전달하고자 하는 의미가 분명하게 잡히지 않는 경우가 많습니다. 먼 하늘을 하염없이 바라보게 되는 순간입니다.

원문 문장의 의미를 정확히 알았다고 끝나는 것이 아니고 이제 그 의미에 감정과 분위기를 덧입혀야 합니다. 예를 들어 "He has no education."도 문맥에 따라 '그는 교육을 못 받았다', '그는 가방끈이 짧다', '그는 학교 문턱도 못 밟아봤다', '그는 낫 놓고 기역 자도 모른다' 등등 전혀 다르게 번역할 수 있습니다. 표현력의 중요성을 실감하는 순간입니다.

이런 실력을 갖추기 위해서는 평소 영어와 한국어 표현을 비교하는 학습이 선행되어야 합니다. "walk stealthily"를 번역할 때 stealthily의 뜻이 '몰래, 은밀히'라고 그냥 '몰래 걷다'로 번역하면 김빠진 맥주 같습니다. 그보다는 걷고 있는데 어떻게 걷고 있을까를 상상해 봅시다. 그러면 뚜벅뚜벅 소리를 내며 걷는 것이 아니라 눈치채지 못하게 살금살금 걷는 상황임을 알 수 있습니다. 이제 그런 상황을 표현하는 말들을 떠올려 봅니다. '살금살금 걷다'나 '발꿈치를 들고 걷다' 혹은 '발소리를 죽이고 걷다' 등이 있겠지요. 그중 하나를 골라 번역하는 것입니다.

신경숙 작가의 〈엄마를 부탁해〉를 영역한 김지영 번역사는 우리말 '수고했다' 또는 '수고했어'를 영어로 번역하기 힘든 표현 중에 하나라고 얘기합니다. 단순히 "Thank you."라고 하기에는 그 의미 전달이 부족하거나 넘치기 때문입니다. 그리고 그에 대해 다음과 같이 설명했습니다.

As it's taken mean entire paragraph to explain the various meanings conveyed by **this simple phrase** "sugohada," my challenge is obvious: how to convey all of this in a single phrase. In one of my works-in-progress, **a prison guard comes back from making the rounds and is miffed at his partner's cold reticence**, describing his partner as someone who doesn't even say "sugohaetda" when they relieve each other.

At first, I considered going with "Thank you." But that didn't make sense; why would a guard going on duty thank his partner? I also considered going the more literal route, with something like, "**Good job**." But that sounded a bit condescending, like something a parent or a boss would say. That wasn't the tone I thought the author meant to convey.

For now, I settled **on "Get some sleep**." It's not literal at all, and it doesn't contain any of the words that come to mind when one thinks of the phrase "sugohaetda."

정리하자면, '야간 순찰을 마치고 돌아왔는데 동료가 "수고했다."라는 말조차 하지 않아 기분이 상한 교도소 간수에 관한 이야기에서 "수고했다."를 어떻게 번역해야 할지 곤란했다. "Thank you."로 번역할까 생각했지만 자기가 당연히 해야 할 일을 한 사람에게 고맙다고 하는 것은 적절하지 않은 것 같고, "Good job."으로 하기에는 상사와 부하 관계인 것처럼 느껴져 주저되었다. 그래서 '수고했다'라는 원문의 단어와는 전혀 상관없지만 "Get some sleep."으로 번역하기로 최종 결정했다.'는 내용입니다.

이렇듯 빤히 아는 쉬운 말이 번역을 하려면 더 어려운 경우가 많습니다. 문화의 차이, 언어의 차이가 가장 중요한 원인입니다. 그런 차이를 극복한 번역이 되려면 때로는 원문의 글자와 전혀 무관한 번역이 나올 수밖에 없습니다.

7. 총정리

이번 장의 원문 번역에서 가장 고민되었던 부분은 나이 든 게이샤 여성의 말투를 어떻게 처리할 것인가였습니다. 게이샤를 직접 만나 본 적도 없고 해서 이런저런 생각을 하다가 독신으로 평생 일본 전통무용을 가르치던 분이 생각나서 그분의 어투를 떠올리면서 번역했습니다. 문학 작품 번역은 등장인물도 많고 나이, 교육 수준, 직업, 성별 등에 따라 각각 표현을 달리해야 하기 때문에 생각해야 할 것이 많습니다. 하지만 그래서 더 재미있는 작업이기도 합니다.

소설을 번역할 때 가장 중요한 것은 글의 배경과 상황을 입체적, 공간적으로 이해하는 것입니다. 글자를 뛰어넘어 허구의 세계를 상상하고 그 안에서 등장인물의 대사와 몸동작을 구체적으로 그려 보면서 번역해야 숨겨진 의미를 파악할 수 있고, 그래야 소설의 맛을 살릴 수가 있습니다. 예를 들어 부엌에서 식탁을 차리면서 계속 수다를 떠는 여자에 대한 글을 번역한다면 그녀의 모습을 상상하면서 그 대사를 이해하고 번역해야 감칠맛이 나는 좋은 번역이 나올 것입니다. 조금 다른 이야기인데, 선진국들은 이미 '레지던스형 창작공간사업'을 통해 좋은 문학 작품과 번역 작품을 위해 작가와 번역사에게 주거지를 제공하고 활동을 지원하고 있습니다. 우리나라도 기업의 사회참여의 일환으로 현재 문학가들만을 위한 마을이 운영되고 있습니다. 곧 번역을 위한 지원도 있을 예정입니다.

다시 번역으로 돌아와서, 또 한 가지 중요한 것은 연결성을 찾는 것입니다. 원문에 나온 the best and the worst of my life가 대표적인 예입니다. 그다음 문장과 연결을 짓지 않으면 독자를 몰입시키는 힘이 떨어지게 됩니다. 이런 연결고리를 찾기 위해서는 번역 전 원문을 읽을 때 항상 앞 문장과 그다음 문장이, 또 앞 문단과 그다음 문단이 연결되어 있다는 생각을 가지고 의도적으로 읽어야 합니다. 그러면서 배우들이 대본에 여러 가지 표시를 하듯 전체의 틀 안에서 각 문장이 갖는 의미와 연결성을 표시해 두면 좋습니다. 그러면 등장인물의 성격과 상황이 생생히 전달되는 번역을 할 수 있습니다.

빵~ 터지는 Punchline

What Was the Shortest Letter Ever Written?
The noted writer Victor Hugo had just completed his latest novel, *Les Miserables*, and had gone away on a vacation. But he was most anxious to learn how the book was selling, so he wrote the following letter to his publisher: "?"

The publisher was just as imaginative as Hugo and must share the record with him for the world's shortest letter, for his reply to the writer was: "!"

A reply that obviously made Hugo very happy.

세상에서 가장 짧은 편지는?
유명작가 빅토르 위고가 최신작인 『레미제라블』의 집필을 끝내고 휴가를 떠났습니다. 휴가 중 책에 대한 반응이 너무 궁금했던 위고는 발행인에게 다음과 같이 쓴 편지를 보냈습니다.

"?"

이를 본 발행인도 위고와 같은 류의 답장을 써서 세상에서 가장 짧은 편지 기록을 공동으로 갖게 됩니다. 답장은 다음과 같았습니다.

"!"

이 답장을 받은 위고는 분명 대만족이었을 겁니다.

04 과학

1. 원문

Nature's Drugs

―Scientists tend to prefer the lab to the mess and complication of living beings. Now they realize that forests and oceans hold a bounty of useful chemicals.

Swimmers in the coral reefs of the Philippines know to stay away from *Conus magus*. The sea snail may be small – just a few inches long – but it's deadly mean. One dose of its venom can paralyze the passing fish that make up its diet. To drugmakers, though, the potency of its toxin is sheer poetry. Scientists who recently broke down the poison discovered – and copied exactly – a chemical compound that blocked nerve cells from sending signals to the brain. Result: Prialt, a new painkilling drug 1,000 times more powerful than morphine, the most potent analgesic now available to medicine.

That marks one more triumph for mankinds' ingenuity, and a comeback for Nature as well. The development of Prialt, which reached the market earlier this year, neatly demonstrates the latest twist in our relationship with the global ecosystem. As the flow of new drugs down the research pipeline slows to a trickle pharmaceutical companies are turning again to the natural world for inspiration.

Researchers now talk of promising new drugs derived from a vast range of living organisms – everything from Brazilian snakes to Hawaiian mollusks. "The industry is in crisis," says Grahan Dutfield, an authority on the bioprospecting business at Queen Mary College in London. "The companies are throwing masses of money at research but just not getting the returns. That's why they are looking at different options."

– Newsweek

2. 배경지식

신약 개발의 속도가 느려지는 것은 제약회사들이 새로운 치료 물질을 과학에 의존했기 때문이라고 지적하면서 최근의 bioprospecting(바이오프로스펙팅), 즉 생물 자원 탐사에 관한 폭발적 관심에 주목하여 이제는 신약 후보 물질을 자연에서 찾아야 한다는 내용입니다.

3. 번역 강의

Nature's Drugs

학생번역

자연의 약

관련설명

제목 "Nature's Drugs"를 직역하면 '자연의 약'이지만 본문의 내용이 지금까지는 실험실에서 약을 만들다 다시 자연에서 신약 물질을 찾으려 한다는 내용이니 '자연에서 찾은 신약' 혹은 '자연약품'을 '천연약품'으로 대체하여 번역할 수 있습니다.

수정번역

천연약품 대세

Scientists tend to prefer the lab to ① **the mess and complication of living beings**. Now they realize that forests and oceans hold a bounty of ② **useful chemicals**.

학생번역

과학자들은 ① **생물의 더러움과 복잡함**보다는 연구실을 선호하는 경향이 있다. 지금 그들은 숲과 대양에 ② **유용한 화학물질**이 가득하다는 것을 깨닫고 있다.

관련설명

- the mess and complication of living beings는 막상 번역을 해 보면 만족한 번역을 하기가 만만치 않은 부분입니다. 문장의 구조를 그대로 유지하면서 글자만 바꾸려 한 것은 아닌지 확인해 보십시오. of를 늘 하던 대로 '~의'로 번역할 것이 아니라 '~를', '~가' 등 문맥에 적절한 의미를 찾아 번역하는 것이 관건입니다. 그렇게 영문 구조에서 벗어나야 제대로 번역을 할 수 있습니다. 그리고 단어가 mess와 complication 두 개라고 해서 반드시 두 개로 번역해야 하는 것은 아닙니다. 그보다는 전달하려는 의미를 생각해야 합니다. mess는 '청결하지 않은'이고 complication은 실험실의 명확한 화학식과 대조되는 자연에서 신약 찾기의 '복잡함'이니 자연에서 신약을 찾는 '고충' 정도로 번역합니다.

- useful chemicals는 글자 그대로 '유용한 화학물질'로 번역하지 않습니다. chemicals는 '화학물질'이 맞지만 문맥에 따라 다르게 번역됩니다. 그러니 본문의 주제와 연결된 표현을 찾아봅니다. '신약 후보 물질'이 적당합니다. chemical과 관련된 다른 예문을 살펴보겠습니다.

Cortisol, a hormone associated with stress is lowered in that span of time while serotonin, a **chemical** associated with wellbeing, is increased. (스트레스와 관련된 '코티솔'이라는 호르몬이 시간이 경과하면서 적어지고 건강에 좋은 '세로토닌'이라는 **호르몬**의 분비가 늘어난다.)

스트레스를 받을 때 생기는 호르몬이 코티솔이고 세로토닌은 행복 호르몬입니다. 그리고 세로토닌의 부족은 우울증으로 연결됩니다. 세로토닌은 햇볕을 쬐면 많이 만들어지니 우울해지면 안으로 더 들어갈 것이 아니라 나를 위해 밖으로 무조건 나가야겠습니다.

수정번역

과학자들은 자연에서 신약을 찾는 고충을 택하기보다는 실험실을 선호하는 경향이 있었다. 그러다 숲과 바다가 신약 후보 물질의 산실이라는 것을 알게 되었다.

Swimmers in the coral reefs of the Philippines know to stay away from *Conus magus*. The sea snail may be small-just ① **a few inches** long – but it's ② **deadly mean**. ③ **One dose of its venom** can paralyze the passing fish that make up its diet. To drugmakers, though, the potency of its toxin is ④ **sheer poetry**. Scientists who recently broke down the poison discovered – and copied exactly – a chemical compound that blocked nerve cells from sending signals to the brain. Result: Prialt, a new painkilling drug 1,000 times ⑤ **more powerful** than morphine, the most potent analgesic now available to medicine.

학생번역

필리핀의 산호초를 수영해 본 사람은 청자고둥(Conus magus)를 멀리해야 한다는 것을 안다. 이 바다 고둥은 작고 단지 ① **몇 인치** 길이지만 ② **치명적이다**. ③ **한 번의 독**은 식사가 될 지나가는 물고기를 마비시킬 수 있다. 약 제조업자에게는 그러나 그것의 독의 강력함이 ④ **단지 시가 된다**. 최근 독을 분해한 과학자들은 신호를 뇌에 보내는 신경세포를 막는 화학물질을 발견하고 정확히 복제했다. 결과는 '프리알트(Prialt)'로 현재 약 중에서는 가장 마취성이 강한 모르핀보다 천 배 이상 ⑤ **강력한** 새로운 진통제이다.

관련설명

환경과 야생동물 보호가인 스티브 어윈(Stepphen Irwin)이 수중 다큐멘터리를 찍다가 노랑가오리 꼬리에 있는 가시에 찔려 사망한 사건이 기억납니다. 노랑가오리 꼬리의 가시는 꼬리에 연골들이 따로따로 떨어져 있다가 적이 나타나면 하나로 접합되면서 창처럼 꼬리 옆으로 튀어나옵니다. 어윈은 그 '창'에 찔려 독이 온몸으로 퍼져 사망했습니다. 세상에는 정말 다양한 직업이 있고 저마다 열정을 가지고 자신의 일에 임하는 것을 볼 수 있습니다. 하지만 어윈의 이야기는 안타깝기도 하고 황당하기도 했습니다. 가장 사랑했고 익숙했던 곳에서 죽음을 당했으니까요. 여하튼 살아 있는 지금이 자신의 생에서 가장 젊은 순간이니 무슨 일이든 할 수 있을 때 열심히 해야겠습니다.

- a few inches를 '몇 인치'라고 번역하면 어느 정도의 크기인지 확실히 눈에 잡히지 않습니다. 이럴 때는 청자고둥의 실제 크기를 찾아 센티미터로 변환해서 독자를 배려하는 번역을 해야 합니다. '십 센티미터 미만' 정도가 적당하겠습니다.

- deadly mean의 mean은 형용사로 쓰였습니다. 안다고 생각했던 단어에 전혀 다른 뜻이 있는 예입니다. 영어는 영국에서 시작되어 그 역사가 1000년 이상이 되며, 그사이 로마, 프랑스의 침입을 받으면서 라틴어, 불어가 추가되고 독일어 등 다른 언어들의 영향을 받아 어휘의 양이 방대해졌습니다. 외국어 학습, 특히 영어 학습은 끝이 없는 것 같습니다만, 공부를 하는 것은 모르는 것을 줄여 가는 것이니 모르는 것이 아는 것에 영향을 주지 않을 때까지 계속 공부하는 방법밖에는 없습니다. deadly는 '치명적인'의 뜻이고 mean은 형용사로 '지독한', '못된'의 뜻입니다.

- One dose of its venom의 its는 '청자고둥'을 의미합니다. 그리고 문장의 전체 의미는 영어 구조 그대로를 번역하는 것이 아니라 무생물 주어이니 조건이나

이유 등의 부사절로 번역합니다. 예를 들어 "Knowledge of how one spends time will tell you what s/he is like."은 '시간을 어떻게 보내는지를 알게 되면 그 사람이 어떤 사람인지를 알게 됩니다.'라고 번역합니다. 본문은 '청자고둥이 독물질을 한 번 내뿜으면'으로 번역합니다.

- sheer poetry는 다음 문단의 ingenuity나 inspiration과 중복되는 표현으로 청자고둥의 독성으로 마비된 물고기를 보고 신약 '아이디어'를 얻게 되었다는 의미입니다.
- 형용사 powerful은 문맥에 따라 적절하게 번역해야 합니다. powerful resume은 경력이 화려한 이력서입니다. 본문에서는 약 성분에 관한 적절한 표현이 필요합니다. 그러므로 '강력한' 보다는 '효능이 큰'이 바람직한 번역입니다.

수정번역

필리핀 근해 산호초 부근을 유영하는 사람들은 청자고둥(Conus magus)에게 접근해서는 안 된다는 것을 명심하고 있다. 해양 달팽이 종류인 청자고둥은 몸길이가 십 센티미터 미만에 불과하지만 치명적인 독성을 가지고 있다. 한 번 내뿜는 독만으로도 지나가는 물고기를 마비시켜 먹잇감을 만든다. 제약회사들은 그런 맹독성을 이용해 신약을 만들어 냈다. 최근 과학자들은 그 독을 분석하는 과정에서 (정확한 복제도 성공했는데) 신경세포가 뇌에 보내는 신호를 차단하는 물질을 발견했다. 그 결과 등장한 신약이 프리알트(Prialt)로, 현재 의료계에서 사용 중인 모르핀 진통제보다 약효가 천 배는 센 초강력 신형 진통제이다.

That ① **marks** one more triumph for **man kinds' ingenuity**, and ② **a comeback for Nature** as well. The development of Prialt, which reached the market earlier this year, neatly demonstrates ③ **the latest twist in our**

relationship with the global ecosystem. As the flow of new drugs down the research pipeline slows to a trickle pharmaceutical companies are turning again to the natural world ④ **for inspiration.**

학생번역

그것은 ① **인류의 독창성에** 한 번 더 승리를 **표시하고** 또한 ② **자연으로 돌아가라**는 신호이다. 올해 초 시장에 나온 프리알트의 발전은 ③ **세계 생태계와 우리의 관계에 있어 가장 최근의 전환**을 보여 준다. 연구실의 실험관에서 나오는 신약이 줄어들면서 제약회사들은 ④ **영감을 위해** 다시 자연으로 눈을 돌리고 있다.

관련설명

- mark ~ man kinds' ingenuity에서 mark는 '표시하다'이고 ingenuity의 뜻은 '독창성'이지만 그렇게 번역하면 인간이 창의적으로 약을 만들어 냈다는 뜻이 됩니다. 본문 중의 ingenuity는 독창성이 아니라 자연에서 힌트를 얻고 그것을 약으로 만들어 낸 인간의 노력을 가리킵니다. 그러니 '신약을 만들려는 노력의 결과'로 번역하면 됩니다.
- a comeback for Nature도 앞의 동사 mark에 연결되는 표현입니다. '실험실'에서 신약을 개발하는 것에서 눈을 돌려 '자연'에서 신약을 개발하려 한다는 의미입니다.
- the latest twist in our relationship with the global ecosystem에서는 the latest twist의 번역이 중요합니다. '가장 최근의 반전'으로만 번역하지 말고 그것이 정확히 무엇인지 꼭 집어서 번역할 필요가 있습니다. 정리하면 가장 최근의 반전은 신약 물질을 찾기 위해 실험실에서 산과 바다로 방향을 튼(twist) 것입니다

다. 그리고 the global ecosystem은 직전의 nature를 다르게 표현한 것입니다. 그러므로 '이제 신약 물질을 자연에서 찾게 되었다' 라고 번역합니다.

— for inspiration도 주로 '영감', '감화' 등으로 번역됩니다. 하지만 문맥에 따라, 특히 과학에서 사용될 때는 '자연에서 얻는 힌트' 의 의미로 쓰입니다. 앞 문단의 ingenuity와 같은 의미로 '신약을 찾을 방법' 을 알게 되었다는 의미입니다. 그러므로 '신약을 찾기 위해' 라고 번역하면 됩니다.

수정번역

과학자들은 자연을 이용해 신약을 만드는 개가를 올리게 되었고 이제 자연으로 눈을 돌리게 되었다. 올해 초 출시된 프리알트의 개발을 기점으로 약품 관계자들의 관심이 천연약품 쪽으로 쏠리고 있다. 실험실에서 개발되는 신약의 종류가 줄어들면서 제약회사들은 다시 자연에서 신약 물질을 찾으려 한다.

Researchers now talk of promising new drugs derived from a vast range of living organisms – everything from Brazilian snakes to Hawaiian mollusks. ① "**The industry is in crisis,**" ② **says Grahan Dutfield,** ③ **an authority** on the bioprospecting business at Queen Mary College in London ④ "**The companies** are throwing masses of money at research but just not getting the returns. That's why they are looking at ⑤ **different options.**"

학생번역

연구원들은 지금 브라질 뱀부터 하와이 연체류까지 다양한 생물체의 범위에서 나오는 유망한 신약에 대해 얘기한다. ① "**산업이 위기에 빠져 있습니다.**" 라고 런던의 퀸 매리 대학(Queen Mary College)의 생물탐사사업의 ③ **권위자인** ②

그러한 더트필드 씨는 말한다. ④ "**회사들이** 많은 돈을 연구에 붓고 있지만 나오는 것이 없습니다. 그래서 그들은 ⑤ **다른 가능성**을 보고 있습니다."

관련설명

바이오프로스펙팅(bioprospecting) 분야는 자연에서 약의 효능이 있는 생물체를 찾아내는 것입니다. 얼마 전 바다수세미라는 해양 생물에서 백혈병 치료제가 발견되었다는 외신을 본 적이 있습니다. 바다수세미와 백혈병 치료제라, 얼른 줄긋기가 되지 않는 조합입니다. 처음부터 정답이라고 생각하고 콕 집어서 성공했을 리는 없고 묵묵히 하다 보면 정답을 찾게 된다는 그런 생각이 듭니다.

- The industry is in crisis에서는 the industry를 구체적으로 번역합니다. 그냥 '산업이'가 아니라 '제약업계가'로 말이지요.
- Grahan Dutfield의 외래어 표기는 '그러한 덧필드'입니다. 대학 이름이 언급되었으니 '교수'라는 호칭을 붙여 주고, say는 그가 해당 분야의 전문가이니 거기에 적합한 세분화된 번역을 합니다. 그러므로 '그러한 덧필드(Grahan Dutfield) 교수는 상황을 분석한다'로 번역하면 됩니다.
- 추상명사 authority에는 보통 관사를 붙이지 않습니다. 그러나 '권위'가 아니라 '권위자', 즉 사람을 가리킬 때는 관사를 붙입니다.
- the companies는 세분화시켜 '제약회사'로 번역합니다.
- different options는 '다른 방법'이지만 이 지문에서는 실험실과 대조를 이루는 '자연'을 가리킵니다.

수정번역

과학자들은 브라질의 뱀, 하와이의 연체동물까지 다양한 생물체에서 발견될 신약 후보 물질을 화제로 삼고 있다. 런던 소재 퀸메리 대학(Queen Mary College)

의 그라한 덧필드(Grahan Dutfield) 생물자원탐사 교수는 "제약 산업이 위기에 처해 있습니다. 신약 개발비로 엄청난 돈을 투자했지만 뚜렷한 성과를 올리지 못하고 있는 실정입니다. 그래서 자연에서 신약을 찾으려 하죠."라고 최근 동향을 분석한다.

4. 영어 원문 활용법

Nature's Drugs

—Scientists **tend to prefer** the lab **to** the mess and complication of living beings. Now they realize that forests and oceans **hold a bounty of** useful chemicals.

Swimmers in the coral reefs of the Philippines know to stay away from *Conus magus*. The sea snail may be small – just a few inches long – but it's deadly mean. One dose of its venom can **paralyze** the passing fish that make up its diet. To drugmakers, though, the potency of its toxin is sheer poetry. Scientists who recently broke down the poison discovered – and copied exactly – a chemical compound that **blocked** nerve cells **from sending** signals to the brain. Result: Prialt, a new painkilling drug 1,000 times more **powerful** than morphine, the most **potent** analgesic now available to medicine.

That **marks** one more **triumph for** man kinds' ingenuity, and a comeback for Nature as well. **The development of** Prialt, which reached the market earlier this year, **neatly demonstrates** the latest twist in our relationship with the global ecosystem. As **the flow of** new drugs down the research pipeline

slows to a trickle pharmaceutical companies are turning again to the natural world for inspiration. Researchers now talk of promising new drugs **derived from** a vast range of living organisms – everything from Brazilian snakes to Hawaiian mollusks. "The industry is in crisis," says Grahan Dutfield, **an authority on** the bioprospecting business at Queen Mary College in London. "The companies are throwing masses of money at research but just not **getting the returns**. That's why they are looking at different options."

– Newsweek

1 | 'tend to prefer A to B' 는 'B보다 A를 좋아하는 편이다' 라는 의미입니다.
   ex. I tend to prefer music to movies. (나는 영화보다는 음악을 좋아하는 편이다.)

2 | hold a bounty of 는 '많이 가지고 있다' 라고 번역합니다.
   ex. She holds a bounty of recipes for a Tofu. (그녀는 두부 요리법을 많이 알고 있다.)

3 | 영어의 무생물 주어는 우리말에 없는 구조이기 때문에 한영 번역을 할 경우 무생물 주어로 시작하는 문장을 쓰다 보면 적절한 동사를 구사하기가 어렵습니다. 그러니 영어 지문에서 무생물 주어와 같이 쓰이고 있는 동사를 평소에 익혀 두면 큰 도움이 됩니다. 예를 들면 paralyze는 '주어 때문에 목적어가 마비되다' 의 구문에서 사용할 수 있습니다.
   ex. The general strike paralyzed mass transportation. (총파업으로 대중교통이 마비되었다.)

4 | 'block ~ from + 동사 ing'는 '못하게 하다'의 의미로 쓰입니다.

    ex. Higher oil price blocks me from driving my car. (유가 상승으로 차를 운전하지 않고 있다.)

5 | powerful과 potent는 동의어로 쓰이고 있습니다.

    ex. The long use of this medicine will impair its potency. (약을 오래 복용하면 약효가 떨어진다.)

6 | mark는 동사로 '~을 기념하다'의 의미이며, 원문에서는 marks ~ triumph for로 연결되어 '~에 대한 성공을 기념하다'로 쓰였습니다.

    ex. A ceremony was held to mark the 50th anniversary of marriage. (결혼 50주년을 기념하는 식이 열렸다.)

7 | The development of ~ demonstrates는 '~의 개발로 ~을 알 수 있다'의 무생물 주어 구문으로, demonstrate는 show, reveal과 같이 사용할 수 있습니다.

    ex. The development of Internet demonstrates that the world is flat. (인터넷의 발달로 정보 격차가 없어졌다.)

    cf. the world is flat (정보 격차가 없다)

8 | neatly demonstrates의 neatly는 '잘' 혹은 '명확히' 등의 의미로 inarguably 또는 flatly로 대체할 수 있습니다. 영어로 쓴 글을 보면 동사 앞에 같이 다니는 부사들이 많습니다. 이를 '부사+동사 세트'라고 부르는데, 그런 세트를 영문을 통해 많이 학습하면 영어 표현력이 풍부해질 수 있습니다. 예를 들면 unanimously agree(앞다투어 입을 모으다), inattentively hear(귓등으로 듣다)

등이 있습니다.

9 | the flow of ~ slows to a trickle은 직역하면 '~의 흐름이 줄어들면서' 혹은 '~의 흐름이 주춤하면서' 라고 할 수 있는 표현입니다.

    ex. In the wake of economic meltdown, the flow of capital slows to a trickle. (경제 위기로 자금 흐름이 주춤한 상태이다.)

10 | derived from을 단순히 '파생된'으로 번역하면 안 됩니다. 이 표현에는 '얻는다'의 의미도 있음을 기억해야 합니다.

    ex. I derive a great pleasure from travelling. (나는 여행에서 큰 즐거움을 얻는다.)

11 | an authority on ~은 '~에 관한 전문가'로 expert를 대신해서 사용합니다.

    ex. She is an authority on translation. (그녀는 번역의 전문가이다.)

12 | getting the returns는 '결과물을 얻다' 인데, results로도 쓸 수 있습니다.

    ex. You will get the returns you want if you continue to try. (계속 노력하면 원하는 것을 성취할 수 있다.)

5. 과학 분야 글 번역에서 주의해야 할 표현

다음은 과학 관련 글을 번역할 때 유의해야 할 표현입니다.

1 | **Preexisting condition** will affect your health insurance plan.

지병이 있으면 의료보험 가입에 지장이 있다.

2 | What determines the cost of a **health insurance premium**?

의료보험료를 결정하는 요인은 무엇입니까?

3 | We can **contract a disease** for which there is no cure.

치료 방법이 없는 **질병에 걸릴 수 있다**.

   cf. I made a two-year **contract**.

      2년간 **계약**을 맺었다.

   cf. When the substances **contract** and expand, their particles stay the same size.

      물질이 **수축하거나** 팽창할 때 입자 크기는 변함이 없다.

4 | In the experiment, **subjects** continue to take the medicine on time.

실험 참가자들이 제시간에 약을 복용하고 있다.

   cf. What is the **subject** of the research?

      연구 **주제**가 무엇입니까?

5 | You have been recommended for **dismissal**.

퇴원해도 좋다고 한다.

   cf. The company notified him of unfair **dismissal**.

      회사는 그에게 부당한 **해고 통지서**를 보냈다.

   cf. **The dismissal** of warning signs seems risky.

      경고를 **무시**하는 것은 위험해 보인다.

6 | The **abstract** of the paper is divided into three paragraphs.

그 논문의 **초록**은 세 문단으로 되어 있다.

   cf. It seems **abstract**.

      추상적으로 느껴진다.

7 | I think I will get a **second opinion**.

다른 의사에게 **검진**을 받아 봐야겠어요.

8 | The doctor is conducting a **clinical trial** of the drug.

의사가 그 약을 **임상 실험**을 하고 있다.

   cf. She won the **trial**.

      그녀가 **재판**에서 이겼다.

9 | The cancer **spread** to other parts of the body.

암이 다른 부위로 **전이되었다**.

10 | Sometimes, a blood donor can be a disease **carrier**.

헌혈자가 질병 **보균자**일 수가 있다.

   cf. The nation's biggest **mobile carrier** is hosting the fair.

      가장 큰 **이동통신사**가 그 박람회를 주관하고 있다.

11 | He developed **complications**.

그가 **합병증**을 일으켰다.

   cf. Serious **complications** arose.

      복잡한 문제가 생겼다.

12 | The persistent use of the pesticide generates more **resistant** pests.

해충제를 계속 사용하면 해충에게 **내성**이 생긴다.

13 | The **policy holders** follows the insurance company policy.

보험 가입자는 보험회사 정책을 따른다.

14 | The virus lies **dormant**.

바이러스는 **잠복 상태**에 있다.

15 | Get rid of **out-of-date medicines**.

유효기간이 지난 약품을 처분하세요.

16 | Parents understand **health insurance coverage** for their children.

부모들은 자녀의 **의료보험 혜택**을 잘 알고 있다.

17 | The boy was placed on a **transplant** list.

그 소년은 **장기 이식자** 명단에 올라 있다.

18 | He was put on a **ventilator**.

그는 **인공호흡기**를 달고 있다.

cf. He installed a **ventilator**.

그는 **환풍기**를 설치했다.

19 | The drug deters cell **replication**.

그 약은 세포 **증식**을 억제한다.

cf. The **replication** scope is not set.

복제 범위가 설정되지 않았다.

20 | He administered **first-aid treatment** to the boy.

그는 소년에게 **응급 치료**를 해 주었다.

6. 총정리

이 장의 영문은 실험실에서의 신약 개발이 어려워지자 해결책을 찾아 자연으로 돌아간다는 내용을 담고 있습니다. 하는 일이 어려워졌다고 포기해 버렸다면 오늘날의 인류와 문명은 존재하지 않았을 것입니다. 눈앞에 시련이 닥칠 때 중요한 것은 시련 자체가 아니라 시련에 맞서는 우리 각자의 태도입니다. 포기하면 거기가 끝입니다. 하지만 『추락하는 새는 날개가 있다』는 책이나 영화도 떠올려 보고 "바닥은 치고 일어나라고 있는 것이다."라는 정호승 시인의 시도 생각하면서 마음을 굳게 먹고 이겨 낸다면 그다음엔 웬만한 일에는 눈도 깜박하지 않는 마음의 근육이 생깁니다. 사람들이 운동으로 몸을 단련시키듯 고생, 좌절, 실패는 마음의 근육을 단련시키는 3종 세트입니다.

이 장에서는 그런 자세로 인류를 위해 신약을 찾으려 하는 과학자들에 관한 내용을 번역했습니다. 원문 중에 같은 의미를 가진 단어들, 즉 poetry, ingenuity나 inspiration을 직역하지 않고 문맥에 어울리도록 '발상', '신약 개발 성공', '신약 개발 가능성' 등으로 번역했습니다. return to different options는 different options를 실험실이 아닌 자연에서 신약을 찾겠다는 원문의 내용과 연결시켜 '다른 선택'이 아닌 '자연에서 신약을 찾는 선택'으로 번역했습니다. 그리고 번역한 원문을 재활용해서 유용한 표현을 정리했고 과학 분야 글 번역 시 주의할 표현을 설명했습니다.

빵~ 터지는 Punchline

A doctor says to his patient, "I have bad news and worse news." "Oh dear, what's the bad news?" asks the patient. The doctor replied "You only have 24 hours to live." "That's terrible," said the patient. "How can the news possibly be worse?" The doctor replies, "I've been trying to contact you since yesterday."

의사가 환자에게 말했습니다. "나쁜 소식과 더 나쁜 소식이 있습니다."
"아, 어쩌죠. 나쁜 소식부터 들을까요?" 환자가 불안해합니다.
의사는 "환자 분은 24시간밖에 살지 못합니다."라고 말했습니다.
"올 것이 왔군요. 그런데 24시간 내로 죽는다는 것보다 더 나쁜 소식이 도대체 뭐가 있을까요?"
"어제 알려 드렸어야 했는데 계속 연락이 안 돼서요." 의사가 말끝을 흐렸습니다.

05 예술

1. 원문

Snow Angels

A story of love lost and found in a small town, SNOW ANGELS is a heartrending portrayal of three couples in various stages of life orbiting around each other in search of connection and meaning. An unexpected act of violence disrupts the lives of these intertwined couples revealing the profound moments in which they each realize how precarious and remarkable life can be. High school student Arthur plays trombone in the marching band, busses tables at the local Chinese restaurant and avoids his squabbling parents. At work, he flirts with Anne, who used to be his baby-sitter. Annie is trying to build a new life for herself and her daughter after splitting with high school sweetheart Glenn. A man with a troubled past, Glenn hopes to make a new start by getting a job and reconnecting with his family. At school, Arthur meets a pretty girl, Lila, who is just as nerdy as he is, and they quickly develop a crush on each other. Though Lila makes her feelings for Arthur painfully obvious, Arthur is reluctant to accept her advances as he watches his father move out of the family home while his mother struggles to keep things together. Determined to find happiness, Arthur begins to fall for the irresistible Lila, even as he witnesses Annie and Glenn tear each other apart in a series of distressing encounters at the same time as his parents begin separate lives.

2. 배경지식

〈스노우 엔젤(Snow Angels)〉은 데이빗 고든 그린(David Gordon Green) 감독이 2008년 메가폰을 잡고 만든 영화로, 애니 역에 케이트 베킨세일(Kate Beckinsale), 글렌 역에 샘 락웰(Sam Rockwell)이 출연했습니다. 스노우 엔젤은 눈 위에 누워 팔다리를 버둥거리다 일어나 보면 눈 위에 남겨지는 천사처럼 보이는 흔적을 의미합니다. 이 영화는 우리가 살아온 삶의 궤적이 그다음 삶에 어떠한 영향을 주는지를 조명하고 있지요.

스튜어트 오난(Stewart O'Nan)의 소설을 영화화한 이 작품은 삶과 인간에 대한 사랑과 상실을 주제로 결론이 없는 것이 특징입니다. 그렇게 삶의 의미에 대한 질문만 던지고 관객이 저마다의 답을 찾도록 여백을 남기는 영화입니다.

참고로 이 작품에서 애니 역을 연기한 케이트 베킨세일은 영국 출신 배우로 옥스퍼드 대학을 중퇴한 재원입니다. 그리고 샘 락웰은 미국 캘리포니아 출신 배우입니다.

3. 번역 강의

①**Snow angels**

A story of ② **love lost and found** in a small town, SNOW ANGELS is a heartrending portrayal of ③ **three couples** ④ **in various stages of life** orbiting around each other ⑤ **in search of connection and meaning**. ⑥ **An unexpected act of violence** disrupts the lives of these intertwined couples ⑦ **revealing** the profound moments in which they each realize ⑧ **how precarious and remarkable life can be**.

학생번역

① **스노우 엔젤**

한 작은 마을에서 ② **잃어버리고 찾은 사랑** 이야기인 스노우 엔젤은 ③ **세 부부**의 가슴 아픈 묘사이며 ④ **인생의 다양한 무대**에서 서로를 돌아서 ⑤ **연결과 의미를 찾는다**. ⑥ 한 예상치 못한 폭력 행위가 이 얽힌 부부들의 인생을 파괴하고 그들이 각자 ⑧ **얼마나 인생이 위험하고 현저할 수 있는지** 깨닫는 숭고한 순간들을 ⑦ **드러낸다**.

관련설명

- 먼저 제목입니다. 요즘은 영어에 대한 친밀도가 높아져서 〈쓰리 이디엇(Three Idiots)〉처럼 간단한 영화 제목은 원제 그대로 쓰는 경우가 많습니다. 다만 angel의 외래어 표기법이 '엔젤'이 아니라 '에인절'임에 주의해야 합니다.

- love lost and found에서 lost and found는 분실물 센터를 말하는 표현이니 그런 느낌을 살려 번역하는 것도 하나의 방법입니다. 하지만 이 영화에 등장하는 사랑이 깨진 커플과 사랑을 찾은 커플을 묘사하는 표현이므로 그런 의미가 전달되도록 '헤어진 커플과 사랑을 찾은 커플'로 번역합니다.
- three couples의 couples를 '부부'로 번역하면 영화의 내용과 다른 오역이 됩니다. 세 쌍의 등장인물이 모두 결혼한 사람들은 아니기 때문입니다. 그러므로 문맥을 살려 '세 쌍의 남녀'로 번역하는 것이 좋습니다.
- in various stages of life에서 stages의 의미에 주의해야 합니다. 영화 내용이 다양한 연령의 남녀 이야기를 다루므로 '무대'나 '단계'보다 더 구체적인 표현인 '연령층'으로 번역하는 것이 좋습니다.
- in search of connection and meaning에서는 특히 connection의 적절한 번역이 무엇인가에 대한 고민이 필요합니다. 인터넷 관련 내용이라면 '접속'으로 번역하면 되겠지만 문맥에 따라 의미가 달라질 수 있기 때문입니다. 영화는 세 쌍의 남녀의 삶과 사랑을 다루기 때문에 '연결'이나 '접속'보다는 '관계'로 번역하는 것이 좋겠습니다.
- An unexpected act of violence로 시작하는 꽤 긴 문장입니다. 이런 문장을 번역할 때 주의할 사항은 번역 후 주어와 동사의 어법이 정확하게 연결되어 있는지를 확인하는 일입니다. 이 문장의 골격은 학생의 번역처럼 '그들이 ~ 드러난다'가 아니라 '예상치 못한 한 번의 사건 때문에 revealing 이하의 내용이 드러난다'입니다.
- how precarious and remarkable life can be에서는 형용사 remarkable의 적절한 번역이 중요합니다. 영영사전을 찾아보면 "remarkable is unusual or special in a way that make people notice them and be surprised or impressed"라고 쓰여 있습니다. 이 설명을 바탕으로 문맥을 고려하여 적절한

표현을 찾아봅니다.

precarious and remarkable은 긍정과 부정의 조합입니다. 이는 원문의 love lost and found의 조합과 비슷한 구조입니다. 이 둘을 연결해 보면 '사랑이 깨진 사람들'은 precarious로 표현하고 '사랑에 빠진 남녀'는 remarkable로 표현하고 있음을 알 수 있습니다. 그러므로 한쪽은 '인생이 불행'하고 다른 한쪽은 '인생이 행복'하다는 표현으로 번역하면 됩니다. 이런 분석이 가능하다면 글자 그대로 하는 번역에서 벗어나 문맥을 잘 살리는 번역을 할 수 있습니다.

또 life의 번역도 따져 볼 필요가 있습니다. '삶, 인생, 생명, 생활' 등 문맥에 따라 다양하게 번역되어야 하기 때문입니다. 이는 food가 문맥에 따라 '음식, 식품 회사, 식량, 먹이사슬(food chain)' 등으로 다양하게 번역되어야 하는 것과 같습니다.

수정번역

스노우 에인절

실연과 사랑을 주제로 작은 동네의 이야기를 담고 있는 〈스노우 에인절(Snow Angels)〉. 삶의 굴곡과 의미를 주제로 세대가 다른 세 쌍의 남녀 이야기를 잔잔하게 그려 내고 있다. 뜻밖의 사건으로 얽혀 있던 서로의 삶이 휘청거리고 그로 인해 삶에서 불행과 행복의 양면을 발견하는 세 쌍의 남녀 이야기이다.

High school student ① **Arthur plays trombone in the marching band**, ② **busses tables** at the ③ **local Chinese restaurant** and avoids his squabbling parents. ④ **At work**, he flirts with Anne, who used to be ⑤ **his baby-sitter**. Annie is trying to build a new life for herself and her daughter after splitting with high school sweetheart Glenn. ⑥ **A man with a troubled past**, Glenn hopes to make a new start by getting a job and ⑦ **reconnecting with his family**.

학생번역

고등학생인 ① **아써는 악단에서 트롬본을 연주하고** ③ **지역 중국 식당**에서 ② **테이블을 운전하고** 다투는 부모님을 피한다. ④ **일터에서**, 그는 ⑤ **그의 아이를 봐주었던** 애니에게 추파를 던진다. 애니는 고등학교 애인인 글렌과 헤어진 후 그녀 자신과 그녀의 딸을 위해 새 인생을 지으려 노력하고 있다. ⑥ **문제가 있는 과거를 가진 한 남자**와 글렌은 직업을 얻고 ⑦ **그의 가족과 재접속을 함**으로써 새로운 출발을 하려고 희망한다.

관련설명

- Arthur의 정확한 외래어 표기법은 '아서 왕' 과 같은 '아서' 입니다.
- 먼저 plays trombone in the marching band에서 현재 시제를 번역하는 방법을 알아보겠습니다. 글자 그대로 '진행 중인 행동을 묘사하는 진행형' 과 달리 단순 현재 시제를 쓰는 경우에는 '그 사람의 습관이나 경향' 을 나타냅니다. 아래의 두 문장을 비교해 보면 이해할 수 있습니다.

  Susan is writing a letter. (수잔은 편지를 쓰는 중이다.)
  Susan writes a letter. (수잔은 편지 쓰는 습관을 가지고 있다. / 편지를 자주 쓰는 편이다.)

  정리하면 아서는 '악기 연주나 식당 일, 그리고 부모를 피하는 행동을 습관처럼 한다' 는 의미입니다. 그리고 marching band는 학교에서의 일이니 '악단' 보다는 '학교 밴드부'가 더 어울리는 표현입니다.

- busses table에서 bus는 동사로 '식당에서 웨이터 보조 일을 하다'의 뜻입니다. 그리고 그런 일을 하는 사람을 busboy라고 부릅니다. 이 단어는 버스를 개조해 만든 식당에서 일을 한 데서 만들어졌다고 합니다. 영화를 보면 어린 흑인 소년들이 버스보이를 하는 것을 종종 볼 수 있습니다. 미국 동부에서 남쪽으로 내려가는 여행을 하면 피부색이 검은 사람들을 점점 많이 보게 되는데 흑인 소년들이 버스보이를 하는 것도 볼 수 있습니다.

 한편 사우스캐롤라이나 주에 가면 마가렛 미첼 원작의 〈바람과 함께 사라지다(Gone With The Wind)〉의 배경이 되는 장소들을 만날 수 있습니다. 마차를 타고 배경이 되는 장소를 돌아볼 수 있는 관광 코스도 있습니다. 그런데 요즘엔 소설 번역을 맡게 되면 직접 그 배경이 되는 장소에 가서 번역할 책을 읽으며 더 깊이 이해하고 번역을 하는 번역사들도 많습니다. 직업과 여행이 병행될 수 있다니, 행복한 직업 아닌가요?

- local도 포함하는 범위에 따라 '지역의, 국내의, 현지의, 동네의, 부분의' 등 여러 가지 표현으로 번역되는 형용사입니다. 예를 들어 Local community center는 주민 회관이고, local anesthesia는 부분 마취(cf. general anesthesia 전신 마취)입니다.

- at work을 '직장에서'로 번역했을 때 이것이 틀린 표현은 아닙니다. 하지만 원문의 내용을 바탕으로 범위를 좁혀 구체적으로 '식당일을 하면서'로 밀착 번역을 하는 편이 더 재미있는 표현이 됩니다.

- his baby-sitter의 his는 형태는 소유격이지만 의미는 목적격입니다. 즉 '그를 돌봐 준'의 의미입니다.

 미국 드라마가 유명한 것처럼 미국 만화도 재미있는 것이 많습니다. 읽다 보면 등장인물이 미국 사람인지, 한국 사람인지 구별이 안 될 정도로 공감되는 부분도 많습니다. 그중 베이비시터가 많이 등장하는 만화로『BABY BLUES』
가 있습니다. baby blues는 postpartum depression이라는 전문 용어를 대신해
'산후 우울증'을 의미합니다. 이 만화는 남편과 함께 만화 회사를 운영하던 아
내가 아이를 가진 후 전업주부가 되면서 아이를 양육하는 과정에서 겪는 에피
소드를 아주 재미있고 진솔하게 그리고 있습니다.

현재『BABY BLUES』는 28권째 발행 중입니다. 세 명의 자녀들이 개성도 강
하고 똘똘해서 만화를 계속 그릴 만한 소재를 끊임없이 제공해 준다고 합니
다. 이 만화를 읽다 보면 자녀들의 성장과 함께 경험하게 되는 미국의 가정 및
학교생활, 연중행사 등을 생생한 표현들과 함께 공부할 수 있고, 무엇보다 엄
마, 아빠, 자녀의 심리가 잘 나타나 있어 쉽게 공감할 수 있습니다.

사실『짱구는 못 말려』등 일본 만화는 많이 번역되어 읽히고 있는데 미국 만
화는 그렇지 않습니다.『BABY BLUES』도 국내에 아직 소개되지 않았는데
번역이 되면 호응이 좋을 것 같습니다.

- a man with a troubled past는 뒤에 나오는 Glenn을 가리킵니다.
- reconnecting his family에서 우선 his family는 애니와 그녀의 딸을 가리킵니
다. 그러니 구체적으로 번역하는 게 좋습니다. 그리고 reconnecting은 '관계를
회복하다'의 의미로 번역합니다.

수정번역

고등학생인 아서는 학교 밴드부에서 트롬본을 연주하고 동네 중국 식당에서 빈
그릇을 치우며 불화 중인 부모와 서먹하게 지내며 살고 있다. 그러면서 식당에서
같이 일하는 애니와 장난을 친다. 애니가 어릴 적 자신을 돌보던 사람이니까 같
이 있으면 마음이 편하다. 한편 애니는 고등학교 때 사귄 글렌과 헤어지고 둘 사
이의 딸인 테라와 자신만의 새로운 출발을 하려 한다. 반면 애니와의 이별을 견

디기 힘들었던 글렌은 취직을 하고 애니와의 관계를 회복하려는 중이다.

At school, Arthur meets a pretty girl, Lila, who is ① **just as nerdy as he is**, and they quickly develop a crush on each other. Though Lila ② **makes** her feelings for Arthur **painfully obvious**, Arthur is reluctant to accept her advances as he watches his father move out of the family home while his mother struggles to keep things together. ③ **Determined to find happiness**, Arthur begins to fall for ④ **the irresistible Lila**, even as he witnesses Annie and Glenn tear each other apart ⑤ **in a series of distressing encounters** at the same time as his parents begin separate lives.

학생번역

학교에서 아써는 ① **그만큼이나 머리는 좋으나 세상 물정을 모르는** 릴라라는 예쁜 소녀를 만나 빠르게 서로를 좋아한다. 릴라는 아써에 대한 그녀의 감정을 ② **고통스럽게 분명히 하지만** 아써는 그가 그의 아버지가 가족의 집을 나가는 것을 보고 그의 어머니가 유지하려 고통받는 것을 보면서 그의 접근을 받아들이기를 주저한다. ③ **행복을 찾기로 결심해서** 아써는 그가 애니와 글렌이 ⑤ **고통스런 만남에서** 서로를 괴롭히는 것을 목격할 때조차 동시에 그의 부모가 헤어져 살기 시작할 때 ④ **저항할 수 없는 릴라**에게 빠지기 시작한다.

관련설명

－just as nerdy as he is에서 nerdy는 적절하게 우리말로 번역하기가 쉽지 않습니다. 언제나 형용사 번역은 만만하지가 않습니다. 먼저 영영사전의 정의를 보면 "refers to an intelligent but single-minded person obsessed with a nonsocial hobby or pursuit"입니다. 이에 따르면 nerdy는 '총명하나 외골수'인 성격을 나타내는 단어입니다. 이런 정의를 토대로 머리는 좋은데 하는 행동은 유별날 때 쓰는 우리말 표현을 찾아야겠습니다. 정답이 한 개일 수는 없습니다만, 아서와 릴라가 고등학생인 점을 감안하면 '괴짜' 혹은 '사차원', '넘사벽' 정도가 적당한 표현입니다.

- 'make+목적어+obvious'의 형태로 painfully는 형용사 obvious의 정도를 나타내는 정도부사입니다. 직역하면 '목적어를 분명히 하다'인데, '분명히 하는' 정도가 painfully하다는 의미입니다. 직역을 하면 '고통스러울 정도로'로 번역하면 적당할 듯합니다.

- determined to find happiness는 이제는 릴라를 사귀기로 마음을 바꿨다는 내용입니다. 이는 앞의 내용과 대조적인 내용이니 별도의 접속사가 없어도 앞뒤 문맥을 고려해서 '그러나' 또는 '어느덧' 등을 추가하여 넣으면 더 자연스러운 번역이 됩니다.

- the irresistible Lila에서는 형용사 irresistible의 문맥에 맞는 적절한 표현을 찾아야 합니다. 좋은 번역을 하는 기교로 '긍정은 부정으로, 부정은 긍정으로'가 있습니다. 여기에 그 기교를 도입하면 '저항할 수 없는'이라는 부정적 표현을 저항할 수 없을 정도로 '매력적인'이라는 긍정적 표현으로 번역할 수 있습니다. 이런 경우 직역을 했을 때보다 전달력이 높은 번역이 될 수 있습니다.

- in a series of distressing encounters를 직역하면 '고통을 주는 만남의 연속'입니다. 이는 어색한 표현이므로 좀 더 전달력을 높이기 위해서 우리말 구조로 바꿔야 합니다. 이 형태에서 고려할 영어 구조는 '형용사+명사'입니다. 정리하면 '만남이 고통을 주는'에서 무생물 주어 '만남'을 우리말 구조인 부사구로 바꿔 '만날수록 상처만 주는'으로 번역합니다.

> 수정번역

그러다가 아서는 자기랑 비슷한 성향의 릴라라는 예쁜 여학생을 만나게 되고 금방 서로에게 끌린다. 하지만 적극적인 릴라에 비해 가출한 아버지에 혼자 남겨진 엄마 생각으로 감정 표현이 어려운 아서. 별거 중인 부모님, 서로에게 상처만 주는 앤과 글렌의 일로 괴로운 마음이야 여전하지만 행복해지고 싶어서 릴라와의 사랑을 시작한다.

4. 영어 원문 활용법

Snow Angels

A story of love lost and found in a small town, SNOW ANGELS is a **heartrending portrayal** of three couples in various stages of life **orbiting around each other in search of** connection and meaning. An unexpected act of violence disrupts the lives of these intertwined couples revealing the profound moments in which they each realize how precarious and remarkable life can be.

High school student Arthur plays trombone in the marching band, busses tables at the local Chinese restaurant and avoids his squabbling parents. **At work**, he flirts with Anne, who **used to** be his baby-sitter. Annie is trying to build a new life for herself and her daughter after splitting with high school sweetheart Glenn. A man with a troubled past, Glenn hopes to make a new start by getting a job and reconnecting with his family. At school, Arthur meets a pretty girl, Lila, who is just as nerdy as he is, and they quickly develop a crush on each other. Though Lila makes her feelings for Arthur

painfully obvious, Arthur **is reluctant to** accept her advances as he watches his father move out of the family home while his mother struggles to **keep things together**. Determined to find happiness, Arthur begins to fall for the irresistible Lila, even as he witnesses Annie and Glenn tear each other apart in a series of distressing encounters as his parents begin separate lives.

1 | heartrending portrayal은 '애틋한 상황', '가슴 아픈 이야기' 등으로 활용할 수 있습니다.

　　ex. It was a heartrending portrayal of human suffering. (인간의 고통을 담은 가슴 아픈 사연이었다.)

2 | orbit around each other는 '서로를 맴돌다', '해바라기하다'에 맞는 영어식 표현입니다.

　　ex. Are they still orbiting around each other? (그들은 아직도 서로 주변을 맴돌기만 하나요?)

3 | in search of는 '~하기 위해서'라는 목적의 의미로 활용하면 좋습니다. '~하기 위해' 하면 보통 'to 부정사'가 떠오르는데, in search of 또한 그 문맥에 어울리는 동사를 찾아서 'to 부정사' 구문으로 전환할 수 있습니다. in search of는 사실 영어의 전치사구입니다. 전치사구를 잘 활용하는 것이 영어 구조를 잘 활용하는 방법입니다.

　　ex 1. They travelled a long distance in search of water. (그들은 물을 찾기 위해 먼 길을 갔다.)

　　ex 2. Politicians took part in the protest in solidarity with workers. (정치인

들이 노동자들과 결속하기 위하여 시위에 참석했다.)

4 | at work은 '근무 중'으로 활용합니다.

　　She is at work. (그녀는 근무 중이다.)

5 | 'used to+동사원형'은 '(과거에) ~을 했다'의 의미입니다.

　　ex 1. I used to live here. (여기에 산 적이 있다. / 이제는 살지 않는다.)

　　ex 2. There used to be a church here. (여기가 교회 자리다.)

6 | painfully는 강도가 높은 정도 부사로 동사나 형용사의 의미를 강조하고 싶을 때 사용합니다.

　　ex 1. He is painfully honest. (그는 고지식하다.)

　　ex 2. I am painfully aware of my shortcomings. (저의 단점을 뼈저리게 알고 있습니다.)

7 | 'is reluctant to+동사'는 '~하기를 꺼린다' 보다는 '~하고 싶어 하지 않는다'로 쓰는 것이 활용도가 높습니다.

　　ex 1. I am reluctant to help him. (나는 그를 도와주고 싶지 않다.)

　　ex 2. She is reluctant to reveal her inner thoughts. (그녀는 속내를 털어놓으려 하지 않는다.)

8 | keep things together는 우리말의 '마음을 강하게 먹다'에 해당되는 영어 표현입니다. 보통 불행한 일 뒤에 많이 쓰입니다. 머라이어 캐리(Mariah Carey)의 〈We belong together〉 가사의 일부이기도 합니다.

　　ex. … So I turn the dial tryin' to catch a break. And then I hear Babyface

"I Only Think Of You" and it's breakin' my heart. I'm tryin' to keep it together but I'm falling apart. (마음을 돌릴까 해서 라디오 다이얼을 돌려 베이비페이스의 노래를 들었어요. "그대 생각만 해요"라는 가사에 가슴이 무너져요. 마음을 강하게 먹으려 해도 어쩔 수가 없네요.)

5. 예술 분야 글 번역에서 주의해야 할 표현

다음은 예술 관련 글을 번역할 때 유의해야 할 표현입니다.

1 | Watch the latest movie **trailers**.

　최신 영화 **예고편**을 보세요.

　cf. Young moms are biking with a **trailer**.

　　젊은 엄마들이 **이동식 탈것**을 연결한 자전거를 타고 있다.

2 | The ten most **famous quotes**

　10대 **명대사**

3 | The movie topped the **box office**.

　그 영화가 **흥행** 1위를 했다.

　cf. Tickets are available at the **box office**.

　　입장권은 **매표소**에서 구입할 수 있다.

4 | The U.S. occupies 80% of the global film **distribution** industry.

　미국이 전 세계 영화 **배급**의 80퍼센트를 차지한다.

　cf. We need to reduce **distribution** costs.

　　유통비를 줄일 필요가 있습니다.

5 | I can get **an early bird discount** if I watch the movie at 8 in the morning.

아침 8시에 영화를 보면 **조조할인**을 받을 수 있습니다.

cf. happy hour

　　야간 특별 할인

6 | Closing **credits** in film to list complete production crew and cast

　　마지막에 소개되는 영화 제작에 참여한 **배우와 제작진 명단**

7 | The sound track **synchronized** with the action.

　　사운드 트랙이 연기와 **동시에 녹음되었다**.

8 | '**Spoiler alert**' is usually used to warn readers of a **spoiler**.

　　'스포일러 주의' 는 독자에게 **줄거리를 미리 알려 주는 사람**을 경고할 때 쓰는 표현이다.

9 | **The teaser** is good enough to wet my appetite for the movie.

　　맛보기 예고편을 보니 그 영화가 보고 싶어진다.

10 | The novel **was adapted** for a movie.

　　소설이 영화용으로 **각색되었다**.

11 | His acting is totally **convincing**.

　　그의 연기는 **호소력이 짙다**.

12 | Below is a listing of all Academic Award winners in **the major categories**.

　　다음은 **주요 시상 부문** 아카데미 상 수상자 명단이다.

13 | The movie theater has 9 **screens**.

　　그 극장은 9개 **상영관**이 있다.

14 | Megabox is **the first-run theater**.

　　메가박스는 **개봉관**이다.

15 | He **made a cameo appearance** on the movie.

　　그는 영화에 **찬조 출연**했다.

16 | The movie star came to Korea **to promote** his new movie.

영화배우가 자신의 최신 영화를 **홍보하기 위해** 내한했다.

17 | She wrote the **screenplay**.

그녀가 **대본**을 썼다.

18 | These two are **the opening film and the closing film**.

이 두 개 영화가 각각 **개막작과 폐막작**이다.

19 | She prepared her **acceptance speech** for the award.

그녀는 **수상 소감**을 준비했다.

cf. The politician made an **acceptance speech**.

그 정치인이 **수락 연설**을 했다.

20 | The magazine introduced **Trivia** for Star Wars.

그 잡지는 영화 〈스타워즈〉에 관한 **뒷얘기**를 소개하고 있다.

6. 이미지를 살리는 영상 번역

영화 대사 번역은 일반 번역과는 다른 몇 가지 유의 사항이 있습니다. 우선 관객이 2, 3초간 보여 주는 화면에서 영상을 보는 동시에 자막을 읽어야 하기 때문에 글자 수의 제한을 받습니다. 보통 두 줄 이내, 한 줄당 10글자 이내로 번역하기 때문에 '두 줄의 승부'라고 합니다. 이렇게 글자 수를 제한받는 상황에서 내용도 잘 전달되고 다음 장면과도 자연스럽게 연결되도록 번역해야 합니다. 이러한 번역이 가능한 것은 화면을 통해 전달되는 부분은 번역하지 않아도 되기 때문입니다. 예를 들면 가게에서 초콜릿을 들고 주인에게 얼마냐고 물어보는 영상에서는 굳이 "초콜릿 얼마죠?"라고 하지 않고 그냥 "얼마죠?"라고 번역해도 됩니다. 이것이 바로 이미지를 이용한 번역입니다.

또 번역을 잘하기 위해서는 벤치마킹도 필요합니다. 국내에서 구할 수 있는 미국 드라마의 자막이나 영화 자막을 열심히 보고 핵심을 잘 잡아 간결하게 잘 번역된 것을 많이 암기하십시오. 학생들은 대부분 미국 드라마나 영화를 청취력 향상 목적으로만 활용하곤 합니다. 하지만 같은 자료라도 목표에 따라 학습 방법이 달라져야 합니다. 먼저 눈과 귀에 쏙 들어오는 자막을 많이 학습해야 자기만의 번역을 할 수 있습니다.

그러면 한번 영화 대사 번역에 도전해 볼까요? 다음은 〈스노우 에인절〉에 나오는 아서 엄마의 대사입니다. 소설을 번역하듯이 하면 3줄 정도 나오겠지만 자막에 올린다고 생각하고 20자 이내로 번역해 봅시다.

Louise Parkinson: Arthur, I'm gonna ask you a favour to not bottle this up inside, okay? It's easy for us to block out the things that upset us, that's what I do. That's what most people do. But it's important that you feel through this, it's so important I can't tell you.

일반번역

루이즈: 이 문제를 마음속에 가둬 두지 마라, 알겠니? 우리는 자신을 속상하게 하는 것을 보통 꽉 누르곤 하지. 나도 그렇고 대부분 사람들이 다 그래. 하지만 중요한 것은 표현하는 거야. 이건 말로는 다 설명할 수 없을 정도로 너무 중요한 거란다.

목적에 맞는 번역

루이즈: 엄마나 다른 사람처럼 살지 말고
　　　　네 감정을 표현하며 살렴.

7. 총정리

매년 수많은 영화가 개봉되지만, 그 가운데는 흥행에 성공하는 영화도 있고 관객과 제대로 만나지도 못하고 사라지는 영화도 있습니다. 〈스노우 에인절〉도 후자에 가까운 영화라 안타깝습니다. SBS 방송 프로그램 〈남자의 자격〉의 김태원 씨가 자신이 예능에 나온 것은 자신의 분신 같은 노래가 대중의 관심을 받지 못하고 사라지는 것이 안타까워서라고 하는 얘기를 들은 적이 있습니다.

번역서도 마찬가지입니다. 학기 중 과제물과 번역 시험 출제를 위해 국내에 번역서가 나와 있지 않은 원서를 찾다 보면, "이런 책도 번역이 되어 있었네."라고 할 정도로 많은 책이 번역되어 있습니다. 한 권을 번역하려면 적어도 한 달은 걸렸을 텐데, 많은 사람들에게 읽히지 못하고 서가 한쪽 구석에 먼지 쌓인 채 꽂혀 있는 책들을 보면 그 시간과 노력이 너무 아깝습니다.

만나고 싶은 매력이 있어야 그 사람을 만나게 되듯, 읽고 싶은 생각이 들게 하는 번역을 하려면 순간순간 아이디어가 필요합니다.

빵~ 터지는 Punchline

Disney password

My kids love going to the Web, and they keep track of their passwords by writing them on Post-it-notes. I noticed their Disney password was 'MickeyMinnieGoofyPluto' and asked why it was so long. Because, my son explained, "they say it has to have at least four characters."

디즈니 비밀번호

인터넷을 좋아하는 아이들이 포스트잇에 비밀번호를 계속 기록하고 있습니다. 아이들의 디즈니 비밀번호가 '미키미니구피플루토' 인 것을 보고 왜 그렇게 길게 만들었느냐고 물었습니다. 그러자 아들은 "비밀번호에 등장인물이 4개는 있어야 한다고 해서요." 라고 대답했습니다.

(character는 '등장인물' 이라는 뜻도 있지만 '글자' 라는 뜻도 있답니다.)

06 정보통신

1. 원문

The 2000 Year Dream

- The digitizing of entire library collections is producing an explosion of access to books that has the potential to change the future of research once the lawsuits are settled.

At one time, Brewster Kahle's dream would have seemed a fantasy. Fascinated by the ancient Library of Alexandria, he has long envisioned a digital equivalent. "They tried to copy every book ever written, and they had 75 percent of all books at Alexandria," he says. "This is 300 B.C., right? And then nothing for 2000 years." Then came the Web, and search engines that let you search billions of pages in seconds. That's great, but since the Web is barely more than a decade old, its content is limited and recent. The heart of human knowledge really lies in all the millions of sentences crafted by countless authors throughout history, locked in the pages of books and stored in libraries all over the planet. Kahle was an early advocate of digitizing entire library collections, and thus transforming every connected computer into a virtual Alexandria.

And that is exactly what's starting to happen in an explosion of access so profound that the research community can't even begin to comprehend it. Kahle is spearheading the Open Content Alliance, a consortium backed by the likes of Yahoo and Microsoft, which has the rights to scan collections like the British Libraries, and to make the millions of those pages available to anyone with a Web browser. Also making waves-and generating a few lawsuits in the process-is Google, which has arrangements to scan the stacks of the New York Public Library, Harvard, Oxford, Stanford and the University of Michigan.

The easiest category to deal with is the so-called public domain. The copyright period has ended for all books published before 1923. Kahle's 'Alliance' is focusing on these, and plans to eventually offer millions of books online, which can be copied and pasted electronically, and even printed out and bound.

—*Newsweek*

2. 배경지식

전자도서관 구축 및 운영은 정보화 시대에 필수이긴 하나 저작권 문제가 걸려 있습니다. 본문은 'OCA'가 전자도서관을 준비하는 내용입니다.

지금은 전자도서관이 완성되어 http://www.opencontentalliance.org에 접속하면 100만 권 이상을 무료로 볼 수 있고 http://www.gutenberg.org에서는 4만 권 이상을 볼 수 있습니다.

3. 번역 강의

① **The 2000 Year Dream**
- The digitizing of entire library collections is producing ② **an explosion of access** to books that has the potential to change the future of research once ③ **the lawsuits are settled**.

학생번역

① **이천 년의 꿈**
- 전체 도서관 소장품을 전산화하는 것은 ② **소송이 해결되면** 연구 미래를 변화시킬 잠재성을 갖고 있는 책에 대한 ③ **접근의 폭발성**을 생산하고 있다.

관련설명

- 제목인 The 2000 Year Dream의 의미를 원문을 통해 살펴보면 알렉산드리아 도서관 이후로 2000여 년 동안 진척이 없던 도서관 사업의 명맥을 다시 이어 보겠다는 내용입니다. 이런 의미가 반영되도록 번역하면 좋습니다. 저라면 '이

천 년을 기다린 도서관 사업'이라고 하겠습니다.

- an explosion of access에서 of는 앞의 an explosion과 연결하여 '~와 같은'의 의미를 가지고 있습니다. 그러니까 '접속 횟수가 폭발하듯 많다'는 의미입니다. 다른 예를 들어 보자면 an angel of a child는 '천사 같은 아이'입니다.
- the lawsuits are settled의 의미를 원문을 통해 생각해 보면 구글이 관여된 저작권에 관한 소송인 것을 알 수 있습니다. 막연한 '소송'이 아닌 범위를 세분화시킨 '지적 재산권' 혹은 '저작권' 관련 소송으로 번역하면 의미 전달을 분명히 할 수 있습니다.

수정번역

이천 년을 기다린 도서관 사업
- 연구에 큰 혁신을 몰고 올 전자도서관, 다만 저작권 소송이 걸림돌

At one time, ① **Brewster Kahle**'s dream ② **would have seemed a fantasy**. Fascinated by the ancient Library of Alexandria, ③ **he** has long envisioned ④ **a digital equivalent.** "⑤ **They tried to copy every book** ever written, and they had 75 percent of all books ⑥ **at Alexandria**," he says. "This is 300 B.C., right? ⑦ **And then nothing** for 2,000 years."

학생번역

한때 ① 브르스터 카일(Brewster Khales) 씨의 꿈은 ② 환상으로 보여졌을 것이다. 알렉산드리아의 고대 도서관에 매료되어, ③ 그는 오랫동안 ④ 전자 상응물을 그려 왔다. "⑤ 그들은 씌어진 적이 있는 모든 책을 복사하려고 했고 그들은 모든 책의 75퍼센트를 ⑥ 알렉산드리아에 갖고 있었습니다."라고 그는

말했다. "이것은 기원전 300년입니다, 그렇죠? ⑦ 그리고는 그때 이천 년 동안 아무것도 없습니다."

관련설명

- 먼저 Brewster Khale의 표기법에 관한 설명입니다. 고유명사를 표기할 때는 그 나라 발음대로 표기하는 것이 원칙입니다. 그런데 '성'은 조상에 따라 러시아, 아일랜드, 독일 등 기원이 다양해 미국인이라 하더라도 미국식 발음을 따르지 않는 경우가 종종 있습니다. 본문에 나온 Khale을 검색해 보면 '칼리', '칼', '카일' 등으로 다양하게 표기되는 것을 확인할 수 있습니다. 만약 직접 만나서 명함을 받는 상황이라면 "How can I pronounce your name?"이라고 물어봐서 정확한 발음을 확인하면 되겠지만, 번역을 할 때는 그렇게 할 수 없습니다. 그러므로 앞서 소개한 ko.forvo.com에서 검색하여 한글로 표기한 후 괄호 안에 영문을 함께 표기하면 됩니다.

  인명을 번역할 때 또 한 가지 주의할 사항은 영어 원문에서 이름과 성이 섞여서 쓰인다는 점입니다. 예를 들어 원문의 '브르스터 칼'을 어떤 때는 '브르스터'로, 또 어떤 때는 '칼'로 호칭하는 것을 볼 수 있습니다. 원문이 그렇다고 그대로 번역하면 독자들이 두 사람으로 생각할 수 있으니 동일인임을 알 수 있도록 호칭을 일관성 있게 번역합니다.

- 주절 동사가 would have seemed인 가정법 과거완료 문장입니다. 참고로 이 문장에서 if절은 at one time이라는 전치사구가 대신했습니다. if절로 풀이하면 if it had been at one time입니다. 직역하면 At one time, Brewster Kahle's dream would have seemed a fantasy는 '과거였다면 칼의 꿈은 환상으로 끝났을 것이다' 입니다. 하지만 가정법은 사실의 반대를 의미하므로 '환상으로 끝나지 않았다'는 의미가 됩니다. 정리하면 한때는 환상으로 끝날 뻔한 칼의 꿈

이 이제 이루어지고 있다는 의미입니다.
- 대명사 he는 우리말로 번역할 때는 '칼'이라고 이름을 밝힐 수도 있고 필요에 따라 생략할 수도 있습니다.
- a digital equivalent에서 equivalent는 대명사는 아니지만 '알렉산드리아 도서관'을 가리키는 표현입니다. 이러한 표현은 같은 말을 반복하는 것을 피하기 위한 방법입니다. 즉 '알렉산드리아 도서관과 같은 전자도서관'을 의미합니다.
- They는 '고대 이집트인'을 가리킵니다. 이집트 하면 지금은 석유가 나오는 중동의 한 나라 정도로 생각되지만 피라미드 등을 건립한 고대 문명의 역사는 분명 대단한 것입니다. 그리고 copy는 그 시대에 맞도록 '복사'가 아닌 '필사'라는 단어로 번역하는 것이 더 적절합니다.
- at Alexandria는 '알렉산드리아 도서관'을 의미합니다. 그리고 he says에서 he는 물론 칼을 가리킵니다. 다만 say의 번역은 '말하다' 보다는 이런 말을 하는 칼의 마음이 담기도록 번역하는 것이 좋겠습니다. 즉 이천 년 동안 이런 종류의 도서관이 없었다는 사실을 안타까워하는 칼의 마음을 담는 것입니다.
- And then nothing에서 nothing은 대명사인데 글자 그대로 번역하기보다는 nothing이 의미하는 것이 무엇인지 구체적으로 밝혀 번역해야 문맥이 분명한 번역이 됩니다. nothing은 알렉산드리아 도서관이 있었을 때는 최초로 국경을 초월해 국제적인 자료를 보관했지만 '그 이후에는 그런 도서관이 없다'는 의미입니다.

수정번역

브루스터 칼(Brewster Kahle)의 꿈이 사라질 뻔한 적도 있었습니다. 칼은 고대 이집트 알렉산드리아 도서관에 매료되어 그와 유사한 전자도서관을 갖는 것이 꿈이었습니다. "고대 이집트인들은 있는 책을 다 필사(筆寫)하려 했고 그래서 75

퍼센트의 도서를 알렉산드리아 도서관에 소장했다고 합니다. 그때가 기원전 300년이었는데, 그 후 2000년 동안 그런 규모의 도서관은 없었습니다."라며 칼은 아쉬워합니다.

Then came the Web, and search engines that let you search billions of pages in seconds. ① **That's great**, but since the Web is barely more than a decade old, ② **its content is limited and recent**. The heart of human knowledge really lies in all the millions of sentences crafted by countless authors ③ **throughout history, locked in the pages of books and stored in libraries** all over the planet. Kahle was ④ **an early advocate** of digitizing entire library collections, and thus transforming every connected computer into ⑤ **a virtual Alexandria**.

학생번역

그때 웹과 검색엔진이 등장해서 여러분이 수십억 쪽을 몇 초 안에 찾게 해 주었다. ① **그것은 훌륭한 일**이지만 웹이 거의 10년이 안 되었기 때문에 ② **그것의 내용은 제한되고 최근의 것이다**. 인간 지식의 심장은 정말로 ③ **역사를 통해** 수많은 작가에 의해 만들어진 수백만 개의 문장으로 지구 전역의 **책에 갇히고 도서관에 보관되어 있다**. 칼은 전체 도서관 소장품을 전산화하고 모든 연결된 컴퓨터를 ⑤ **가상의 알렉산드리아**로 변형하는 ④ **초기 주창자**였다.

관련설명

- That's great를 '그것은 훌륭하다' 라고 번역하면 무엇이 훌륭한지가 불분명한 번역이 됩니다. That은 바로 앞 문장의 '수십억 페이지를 몇 초 안에 검색하는

시대'를 받는 대명사입니다. 그런 의미가 실리도록 '초고속 시대이긴 하지만' 이라고 번역하는 게 좋습니다.

- limited와 recent 같은 형용사를 적절한 우리말 표현으로 번역하는 것은 녹록한 일이 아닙니다. 대개의 경우 직역보다는 먼저 문장 내에서의 의미를 충분히 파악한 후 그 의미에 상응하는 우리말 표현을 찾아 번역해야 합니다.

  우선 limited의 기본 의미는 '제한된'이지만 원문에서의 의미는 검색을 시작한 지가 오래지 않아 그 축적된 '자료가 적다'는 것임을 알아야 합니다. 그리고 recent는 '최신 자료'로 번역하면 되겠습니다. 즉 현재 검색 가능한 자료는 소량이라 방대한 자료가 있는 도서관 접속은 불가능하다는 내용과 연결되도록 번역하는 것이 중요합니다.

- throughout history는 직역하면 '역사를 통해서' 이지만, 문맥을 고려해 생각해 보면 history가 '역사'가 아니라 '그 긴 시간'을 가리킨다는 사실을 알 수 있습니다. 이처럼 '장구한 세월'을 강조하여 번역하면 그동안 '많은 작가가 쓴 책' 이 모여 있는 곳이 '도서관'임을 드러낼 수 있습니다.

- an early advocate와 같은 영어의 '형용사+명사' 구조를 번역할 때는 명사는 주어로, 형용사는 서술어로 번역하는 것이 우리말 구조에 맞는 번역입니다. 정리하면 '초기 지지자' 보다는 '처음부터 지지해 온 사람'으로 번역하는 편이 좋습니다.

  ex. a serious buyer: 심각한 구매자 → 구매를 심각하게 고려하는 사람 → 꼭 살 사람

- a virtual Alexandria의 virtual은 여러 가지 의미로 번역될 수 있습니다. 하지만 여기서는 전자도서관과 관련된 '(컴퓨터를 이용한) 가상의'라는 의미를 선택합니다. 그리고 Alexandria는 앞서와 마찬가지로 '알렉산드리아 도서관'으로 번역합니다.

수정번역

그 후 인터넷 시대가 열리고 수십억 쪽을 단 몇 초 만에 검색하는 시대가 시작되었습니다. 초고속으로 진행되긴 하지만 인터넷이 시작된 지 십 년 남짓이기 때문에 축적된 자료가 적고 최신 자료 위주라는 한계가 있습니다. 인간의 지식은 장구한 세월 동안 많은 저자들이 심혈을 기울여 쓴 책 속에 담겨 도서관에 보관되어 있습니다. 칼은 이런 도서관의 장서를 모두 스캔해서 알렉산드리아 전자도서관으로 만들어 접속하는 컴퓨터들이 모든 도서를 인터넷상에서 이용할 수 있게 해야 한다고 처음부터 주장해 왔습니다.

① **And that is exactly what's starting to happen in an explosion of access so profound that the research community can't even begin to comprehend it**. Kahle is spearheading ② **the Open Content Alliance**, a **consortium** backed by the likes of Yahoo and Microsoft, which has the rights to scan collections like the British Libraries, and to make the millions of those pages available to anyone with a Web browser. Also ③ **making waves-and generating a few lawsuits** in the process-is Google, which has arrangements to ④ **scan the stacks of** the New York Public Library, Harvard, Oxford, Stanford and the University of Michigan.

학생번역

① 그리고 그것은 정확히 접속의 폭발이 너무 심오하게 일어나기 시작하는 것이 연구 사회가 그것을 이해하기 시작할 수가 없었다. 칼씨는 ② '열린 내용 연맹'을 지휘하고 있는데 브리티시 라이브러리와 같은 소장품을 스캔할 권리를 갖고 그것의 페이지의 수백만을 웹브라우저를 갖고 있는 누구에게나

가능하도록 하는 권리를 가진 야후나 마이크로소프트 등에 지원을 받는 **콘소시움**이다. 또한 ③ **풍파를 일으키는 것은 그리고** 그 과정에서 **몇 개의 소송도 일으키고 있는** 구글 사로 뉴욕 공립 도서관, 하바드, 옥스포드, 스탠포드와 미시건 대학의 ④ **무더기들을 스캔하는** 준비를 가지고 있다.

관련설명

- 첫 번째 문장은 문장 구조가 복잡해서 먼저 의미부터 분명히 이해하고 번역을 시작하는 것이 좋습니다. 먼저 And ~ in an explosion of access까지 문장을 끊어 살펴보면, that은 도서관을 스캔해서 전자도서관을 만들겠다는 칼의 꿈입니다. 즉 '폭발적인 접속이 일어나는 시기에 비로소 칼의 꿈이 현실화되고 있다' 는 내용입니다.

그리고 so profound that the research community can't even begin to comprehend it은 직역하면 앞의 '폭발적인 접속' 을 수식하는 구로 '그런 접속이 너무 많아서 그 결과 research community가 it을 comprehend하는 것을 시작조차 할 수 없다는 내용입니다. 여기서 중요한 것은 research community, it, comprehend가 각각 무엇을 의미하는지를 구체적으로 짚어 주어야 한다는 점입니다. 먼저 research community는 subheading(제목 밑의 간단한 설명글)에 나왔던 '연구에 큰 혁신을 몰고 올' 이라는 대목과 연결해서 '연구실' 을 의미합니다. 그리고 it은 대명사이므로 앞의 an explosion of access, 즉 '많은 접속으로 얻는 정보의 양' 으로 번역합니다. 그리고 마지막으로 comprehend는 understand와 include 두 가지 뜻이 있습니다. 그런데 연구원이 자료를 이해하지 못한다는 것은 내용상 무리가 있어 보이므로 이 지문에서는 그 많은 정보를 include하기가, 즉 '다 받아들이기가 엄두가 나지 않는다' 로 번역하는 것이 좋습니다. 정리하면 '접속하는 횟수가 폭발적으로 늘면서 연구원들이 접속 자료를 다 수용하기 힘든 시점에서야 비로소 칼의 전자도서관이 만들어지려 하고 있다' 입니다.

─ 이번에는 단체명 번역입니다. 원문에 나오는 Open Content Alliance라는 단체명 중 open은 '브리티시 오픈대회' 혹은 '오픈 카' 처럼 영어 발음 그대로 쓰는 경우도 많습니다. 그러나 의미에 따라 우리말로 바꿔서 번역해야 하는 경우도 있습니다. Open Content Alliance는 보통 줄여서 'OCA' 라고 하는데 우리말로 번역해 보겠습니다. 우선 open은 이 단체가 하는 일이 무료로 자료를 공개하는 것이니 그런 의미가 전달되도록 번역하고 괄호 안에 영문을 표기하면 됩니다. 정리하면 '개방콘텐츠연맹(Open Content Alliance)' 입니다.

그리고 consortium의 정확한 외래어 표기도 중요합니다. 번역협회에서 밝힌 바에 따르면 chocolate를 우리말로 표기하는 방법이 20개도 넘는다고 합니다. 외래어 표기법이 바뀌면서 원음 발음으로 표기를 하기 때문에 오류를 범하기 쉬운 부분입니다. 틀리기 쉬운 외래어 표기를 몇 가지 살펴보겠습니다.

chocolate: 초콜렛(×), 초콜릿(○)
television: 텔레비죤(×), 텔레비전(○)
consortium: 콘소시엄(×), 컨소시엄(○)
Leadership: 리더쉽(×), 리더십(○)
cyber university: 싸이버대학교(×), 사이버 대학교(○)
Manhattan: 맨하탄(×), 맨해튼(○)
Cyprus: (지중해의 섬) 사이프러스(×), 키프러스(○)

─ making waves-and generating a few lawsuits in the process에서 make waves는 '파문을 일으키다' 의 의미입니다. 제가 예전에 wave-makers를 '튀

는 사람들'로 번역했던 것이 생각납니다. 본문에는 a few lawsuits라고만 언급되고 있으나 배경지식을 살펴보면 '구글 사가 저작권 문제에 휩싸인 소송' 임을 알 수 있으니 그런 부분을 구체적으로 번역하면 좋습니다.

- scan the stacks of에서 stacks는 orderly pile, 즉 '정리된 대량의 물건'을 지칭하는 것으로 여기서는 도서관이니 도서관 안에 정리된 '서적'을 가리킵니다.

수정번역

인터넷에 접속하는 횟수가 폭발적으로 늘면서 연구원들이 그 자료를 다 수용하기 힘든 시점에서야 비로소 칼의 전자도서관이 현실화되고 있습니다. 칼이 주도하는 '개방콘텐츠연맹(Open Content Alliance)'은 마이크로소프트 사와 야후 사의 지원을 받는 컨소시엄 형태로 대영도서관(British Libraries) 같은 곳의 장서를 전자 처리해서 네티즌에게 개방할 준비를 하고 있습니다. 전자도서관 구축 과정에서 물의를 빚고 저작권 소송에 걸려 있는 구글 사도 뉴욕공립도서관과 하버드, 옥스퍼드, 스탠포드 및 미시간 대학의 장서들을 전자 처리할 예정입니다.

The easiest category to deal with is the so-called ① **public domain**. The copyright period has ended for all books published before 1923. ② **Kahle's 'Alliance'** is focusing on these, and plans to eventually offer millions of books online, which can be ③ **copied and pasted** ④ **electronically**, and even printed out and bound.

학생번역

다룰 가장 쉬운 범위는 소위 ① **공적인 영역**이다. 저작권 시기가 1923년 전에 발행된 모든 책에 끝났다. ② 칼 씨의 '연맹'은 이것에 초점을 맞추고 있으며 수백만 권의 책을 온라인으로 제공할 계획을 갖고 있으며 ④ **전자상으로** ③ **복사되고 붙이기가 되고** 인쇄해서 제본까지 가능하다.

관련설명

— public domain은 '공공영역'으로 번역되며 '저작권과 관련 없이 누구나 사용할 수 있는 자료의 영역'입니다. 관련 용어인 copyright은 '저작권' 또는 '지적재산권'으로 번역되는데, 저작권은 종류에 따라 보호받는 기간이 다릅니다. 그리고 이를 관장하는 곳은 유엔 기구인 WIPO(World Intellectual Property Organization: 세계지적재산권기구)로 스위스 제네바에 본부가 있습니다. 반대되는 개념으로 copyleft라는 용어도 있습니다. 지적 창작물에 대한 권리를 모든 사람이 공유하자는 움직임으로 국어사전에는 '카피레프트'로 등재되어 있는데 우리말 표현이 없어서 조금 아쉬운 경우입니다.

참고로 국립국어원 우리말 다듬기 사이트(www.malteo.net)에 들어가 보면 이와 같은 외래어의 우리말 표현 찾기 공모전을 항상 하고 있습니다. 예를 들어 "포스트 잇(post it)을 대신할 말을 찾아 주세요."와 같은 형식인데, 포스트 잇의 우리말 표현은 '붙임종이'가 채택되었습니다.

— 본문의 Kahle's 'Alliance'는 칼이 주도하는 단체의 이름을 줄여 쓴 것이니 독자가 혼동하지 않도록 주의하여 번역합니다.

— copied and pasted는 직역하면 '복사하고 붙이기' 지만 복사를 하는 이유가 붙이기 위한 것이므로 그냥 '복사하기'라고 번역하거나 혹은 '편집하기'로 정리하여 번역합니다.

— electronically는 '전자상으로'라고 번역하기보다는 문맥을 고려해 '화면에서'나 '인터넷에서'로 번역하는 편이 좋습니다.

> 수정번역

우선 저작권이 소멸되어 공공영역(public domain)이 된 자료부터 작업을 시작하는 것이 가장 수월합니다. 칼이 이끄는 '개방콘텐츠연맹(OCA)'은 1923년 이전에 간행되어 지적 재산권 시효가 끝난 도서를 집중적으로 제공할 예정이며 컴퓨터 화면상에서 복사는 물론 출력해서 제본할 수도 있습니다.

4. 영어 원문 활용법

The 2000 Year Dream

— The digitizing of entire library collections is producing an explosion of access to books that **has the potential to** change the future of research once the lawsuits are settled.

At one time, Brewster Kahle's dream would have seemed a fantasy. **Fascinated by** the ancient Library of Alexandria, he has long **envisioned** a digital equivalent. "They tried to copy every book ever written, and they had 75 percent of all books at Alexandria," he says. "This is 300 B.C., right? And then nothing for 2000 years." Then came the Web, and search engines that **let you search** billions of pages in seconds. That's great, but since the Web is barely more than a decade old, its content is limited and recent. The heart of human knowledge really lies in all the millions of sentences crafted by countless authors throughout history, locked in the pages of books and stored in libraries **all over the planet**. Kahle was **an aearly advocate** of digitizing entire library collections, and thus transforming every connected computer into a virtual Alexandria.

And that is exactly what's starting to happen in an explosion of access so profound that the research community can't even begin to comprehend it. Kahle is **spearheading** the Open Content Alliance, a consortium **backed by** the likes of Yahoo and Microsoft, which has the rights to scan collections like the British Libraries, and to make the millions of those pages available to anyone with a Web browser. Also making waves-and generating a few lawsuits in the process-is Google, which has arrangements to scan the stacks of the New York Public Library, Harvard, Oxford, Stanford and the University of Michigan.

The easiest category to deal with is the so-called public domain. The copyright period has ended for all books published before 1923. Kahle's 'Alliance' is focusing on these, and **plans to eventually** offer millions of books **online**, which can be copied and pasted **electronically**, and even printed out and bound.

–Newsweek

1 | 'has the potential to + 동사'는 can의 의미입니다.
   ex. Korea has the potential to become a renewable energy leader. (한국은 재생 에너지 주도국이 될 수 있다.)

2 | fascinated by ~는 you are interested and delighted so much that you concentrate on something, 즉 '마음을 빼앗기다' 라는 의미입니다.
   ex. Fascinated by the beautiful flowers, they were busy taking pictures of

them. (꽃이 너무 예뻐서 사진 찍느라 정신이 없었다.)

3 | envision은 imagine과 같은 의미입니다.

   ex. Envision yourself at 70 years old. (70세의 여러분 모습을 상상해 보세요.)

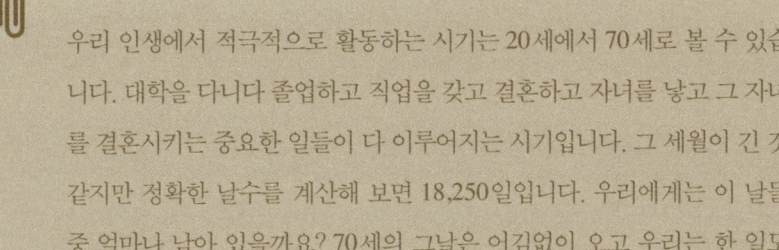

우리 인생에서 적극적으로 활동하는 시기는 20세에서 70세로 볼 수 있습니다. 대학을 다니다 졸업하고 직업을 갖고 결혼하고 자녀를 낳고 그 자녀를 결혼시키는 중요한 일들이 다 이루어지는 시기입니다. 그 세월이 긴 것 같지만 정확한 날수를 계산해 보면 18,250일입니다. 우리에게는 이 날들 중 얼마나 남아 있을까요? 70세의 그날은 어김없이 오고 우리는 한 일도 후회하지만 하지 못한 일도 후회합니다. 우리 모두 오늘을 열심히 살아 70세의 그날 행복하다고 느낄 수 있었으면 좋겠습니다.

4 | 'let+목적어+동사원형'은 주어가 무생물일 때 아주 유익한 표현입니다. 비슷한 표현으로 'allow+목적어+to 부정사', 'enable+목적어+to 부정사' 등도 있습니다.

   ex. The new service will let you check your corporate e-mails on your cell phone. (새로운 서비스를 이용하면 휴대전화로 회사 메일을 열어 볼 수 있다.)

5 | all over the planet은 '전 세계'로 in the world, around the globe를 대신해서 쓸 수 있는 표현입니다.

   ex. Ugg boots are in vogue all over the planet. (어그 부츠가 전 세계에 유행이다.)

6 | an early advocate는 '초기부터 지지를 보낸 사람'을 의미합니다.

    ex. She is an early advocate of telecommuting. (그녀는 일찍부터 재택근무를 지지했다.)

7 | spearhead는 lead의 의미입니다.

    ex. He is spearheading the tax reform. (그가 세제 개편에 앞장서고 있다.)

8 | backed by는 supported by와 같은 뜻의 표현입니다.

    ex. Backed by the God, I struggle with world. (하느님의 가호 아래 세상과 맞선다.)

9 | plan to는 '~하려고 계획하다' 보다는 '~하려고 하다'로 번역하는 것이 좋습니다.

    ex 1. I plan to have summer vacation. (나는 여름휴가를 가려고 합니다.)

    ex 2. We plan to continue developing our strategic partnership in this area. (이 지역에서의 전략적 제휴 관계를 계속 발전시키려 합니다.)

10 | eventually는 '결국'의 의미로만 알고 있으면 활용이 어려운 부사어 중 하나입니다. traditionally도 비슷한 예입니다. '전통적인'의 의미로만 생각하면 잘 활용할 수 없습니다. 왜냐하면 영어 지문에서는 우리가 알고 있는 '결국'과 '전통적으로' 라는 의미보다 더 광범위한 의미로 사용되기 때문입니다.

    ex. You should continue to practise your translation. Eventually, you will be good at it. (계속 번역 연습을 하십시오. 그러면 잘하게 될 겁니다.)

    ex. Traditionally, both countries have retained friendly ties. (지금까지 양

국은 우호 관계를 맺어 왔습니다.)

11 | online과 electronically는 동의어로, through the Internet이라는 뜻을 가지고 있습니다. 인터넷에 관한 글을 쓰게 되면 주제어를 자꾸 언급할 수밖에 없습니다.

5. 정보통신 분야 글 번역에서 주의해야 할 표현

다음은 정보통신 관련 글을 번역할 때 유의해야 할 표현입니다.

1 | I had a **crash-prone** PC at work and a reliable PC at home.

　회사 컴퓨터는 **문제가 많은데** 집 컴퓨터는 양호하다.

2 | Most public libraries have **Large Print(LP)** sections.

　공립 도서관은 **대형 활자책**을 구비하고 있는 곳이 많다.

3 | No **photocopying** in this library.

　도서관 내 **복사** 금지

4 | What is my subscriber's **account** number?

　내 이용자 **계정** 번호가 뭐죠?

5 | **Transfer** files.

　파일을 **전송하세요**.

　cf. His **transfer** fee is 5 million pounds.

　그의 **이적료**는 500만 파운드이다.

6 | Buy **authorized goods**!

　정품을 구입하세요.

7 | User **authorization** process is simplified.

사용자 **승인** 절차가 간소화되었다.

8 | Korea is the Internet **powerhouse**.

한국은 인터넷 **강국**이다.

9 | Google provides '**Trending now**' section to give users a quick overview of the popular topics of the day.

구글은 이용자들이 그날의 인기 기사를 빨리 알 수 있도록 '**실시간 검색어**'를 제공하고 있다.

10 | **The Op-ed section** is also available electronically.

독자 기고문도 인터넷에서 확인할 수 있다.

11 | The company will offer the service to subscribers at a **flat rate** of 25 dollars a month.

회사는 **정액**제로 월 25달러에 서비스를 제공할 것이다.

12 | The number of the service **subscribers** is on the rise.

서비스 **이용자**가 증가하고 있다.

13 | The computer is equipped with a **built-in** memory card.

컴퓨터에 **내장된** 메모리 카드가 있다.

cf. Thanks to **built-in audience**, the program was successful.

고정 관객층 덕분에 프로그램이 성공했다.

14 | The **digital divide** is being eradicated.

정보 격차가 줄어들고 있다.

15 | Now is a **digital convergence** era.

지금은 **정보 융합** 시대이다.

16 | The **digital library** gets into full swing.

전자도서관이 잘 운영되고 있다.

17 | 'Open Content Alliance' is building a digital archive of global content for **universal access**.

'개방콘텐츠연맹'은 **누구나 이용할** 수 있도록 전 세계의 도서를 전산화하고 있다.

18 | The digital library asserts a **disclaimer**.

전자도서관은 도서 이용에 따른 **어떠한 책임도 지지 않는다**는 점을 명시하고 있다.

19 | **Terms of use** for the Project Gutenberg website as of January 1, 2012.

2012년 1월 1일 이후 구텐베르크 프로젝트 전자도서관 **이용 조건**

20 | Over 1 million digital books are now available to **the print-disabled**.

독서 장애인들을 위한 전자책이 이제 백만 권 이상 됩니다.

6. 총정리

이 장에서는 전자도서관과 관련해 '저작권(Copyright)'이나 '공공영역(public domain)'과 같은 용어를 학습하였습니다. 그리고 전자도서관을 만드는 작업에 관한 원문 번역을 해 보았습니다.

제가 통번역대학원을 다닐 때는 인터넷의 '인'을 '참을 인(忍)'자라고 부를 정도로 속도가 느렸습니다. 그래서 자료가 필요하면 국회도서관 등에 가서 긴 대나무 철에 묶여 있는 신문을 퍼덕거리며 조사하는 것이 전부였지요. 그때에 비하면 지금은 정보 검색이 누워서 떡 먹기일 정도로 쉬워졌습니다.

그러나 digital divide(정보 격차)라는 용어가 입증하듯이 모든 사람이 이런 혜택을 누리며 공부하고 있는 것은 아닙니다. 지금 우리가 이렇게 공부할 수 있는 것도 특권이고, 자신을 성장시킬 수 있는 직업을 가질 수 있는 것도 특권입니다. 이 사실을 자각한다면 현재 자신이 하고 있는 공부나 일을 잘하지 않을 수 없을 것입니다. 살아 있을 때 〈해리가 샐리를 만났을 때〉 등의 대본을 집필하기도 한 로맨틱 코미디의 달인 노라 에프론 감독이 평소에 즐겨 한 말이 "뭐든 할 수 있을 때 하자!(Do anything when we can do!)"입니다. 먹을 수 있을 때 열심히 먹고 공부할 수 있을 때 열심히 공부하십시오.

빵~ 터지는 Punchline

What did the spider do inside the library computer? It made a Web page.

도서관 컴퓨터 안에서 거미가 한 일은 뭘~까요?
자리 잡고 살려고 거미망(웹페이지)을 만들었죠.

07 기타

1. 원문

Pardon My French: You Suck At This

In the literary world, translators are low in the pecking order. Titans like Milan Kundera and Isaac Bashevis Singer have branded them traitors for betraying the beauty of the original text, So most keep their heads down closely to the source material. In their 2007 version of "War and Peace," translators Richard Pevear and Larissa Volokhonsky preserved Tolstoy's use of "wept" seven times in a single scene. But hold on a minute—is such slavish devotion really the right approach?

No, says Douglas Hofstadter, Indiana University's Pulitzer Prize-winning cognitive scientist, who moonlights as a translator. In an afterword to his third work, Francoise Sagan's "La Chamade," he issues a cri de coeur, urging his brethren to become "co-progenitors" – Ella Fitzgerald to the author's Cole Porter, as he puts it – who must take liberties or risk failure. In "La Chamade," he punches up flat dialogue, refines blurry descriptions and injects dozens of ready-made phrases (such as "bit his tongue" for "he said nothing") and weird Americanisms ("if that doesn't take the cake!"). Hofstadter even tweaks the title from "Wild Heartbeat" to "That Mad Ache" – in part because it's an anagram of "Chamade."

Hofstadter is already a divisive figure in the translating community – "He has absolutely no ear," Mikhail Gorbachev's translator Richard Lourie once wrote – and his latest essay is likely to fuel a literalism debate that has reignited in recent years. Presentations tackling "Servitude or Collaboration?" at the annual American Translators Association conference have nearly doubled since 2007. Hofstadter, for his part, is undaunted. "If I had to suppress myself," he says, "I wouldn't bother." Let the war of words begin.

–Newsweek Magazine

2. 배경지식

밀란 쿤데라, 아이작 바셰비스 싱어 등과 더글라스 호프스타터 교수를 비교하면서 직역과 의역에 관한 논쟁을 다룬 내용입니다. 의역의 예로 등장하는 『La Chamade』는 프랑스의 극작가이자 소설가인 사강의 작품입니다.

3. 번역 강의

Pardon My French: You Suck At This

학생번역

제 불어를 용서하세요: 이것을 못해요

관련설명

pardon my French와 뒤 문장인 You suck at this가 콜론(:)으로 연결되어 있는 점에 주목할 필요가 있습니다. 콜론은 이유나 순접, 역접 등의 연결어를 대신하기 때문에 콜론 앞뒤에 있는 문장의 관계를 생각해야 합니다. 처음 문장은 본문에 나오는 사강의 작품을 영어로 번역한 것과 관련된 것으로 직역하면 '제 프랑스어를 용서하세요' 입니다. 하지만 본문을 읽어 보면 저자는 자신의 프랑스어가 부족하다고는 전혀 생각지 않고 있습니다. 이것으로 보아 반어법이 쓰인 것을 알 수 있습니다.

그리고 뒤 문장은 우선 suck at이 '~을 못하다'의 의미이니 직역하면 '너는 이것을 못하다' 입니다. 그런데 여기서 you는 누구를 가리키는 것이고 this는 무엇을 가리키는 것일까요? 앞의 문장이 반어법이라는 사실을 바탕으로 you는 '직역하는 번역사' 이고 this는 원문에 나오는 '번역' 으로 생각할 수 있습니다. 그러면 위의 제목이 '나의 불어 실력을 용서하세요, 라고 할 줄 알았죠? 아니요, 당신이 번역에 젬병인 거예요' 의 의미임을 알 수 있습니다.

수정번역

내 번역에 문제가 있다고요?

In the literary world, translators are low in the pecking order. ① **Titans like Milan Kundera and Isaac Bashevis Singer** have branded **them** traitors for betraying the beauty of the original text, ② **so most keep their heads down closely to the source material**. In their 2007 version of "War and Peace," translators Richard Pevear and Larissa Volokhonsky ③ **preserved Tolstoy's use of "wept" seven times** in a single scene. But hold on a minute – is such ④ **slavish devotion** really the right approach?

학생번역

문학 세계에서 번역사는 서열이 낮다. ① **밀란 쿤데라(Milan Kundera)와 이삭 바세비스 싱거(Isaac Bashevis Singer)와 같은 거장**들은 원문의 아름다움을 배반한다는 이유로 **그들을** 반역자라고 이름 붙이고 있다. ② **그래서 대부분은 그들의 머리를 원재료에 가까이 숙이고 있다**. 2007년판『전쟁과 평화』에서 번역사 리차드 피비에르(Richard Pevear)와 라리싸 볼로콘스키(Larissa Volokhonsky)는 같은 장면에서 ③ **톨스토이의 울었다라는 표현을 일곱 번 그대로 보존했다**. 그러나 잠깐 생각해 보자. 그런 ④ **노예적인 헌신**이 정말 올바른 접근일까?

관련설명

- 『참을 수 없는 존재의 가벼움』을 쓴 밀란 쿤데라와 노벨문학상을 수상한 아이작 바세비스 싱어와 같은 거장들이 them, 즉 '번역사'를 원문을 훼손하는 반역자라고 낙인을 찍었다는 내용입니다. 하지만 번역사가 없었다면 그들의 작품이 전 세계에 알려질 수 있었을까요?
- most keep their head down closely to the source material은 쿤데라 같은 거

장의 공격을 받은 번역사들이 주눅 들어 '원문에 충실한 번역을 한다'는 의미입니다. 이 문장에서 most는 '대부분의 번역사'로 구체적으로 번역합니다.

- preserved Tolstoy's use of "wept" seven times는 앞 문장에서 지적한 직역의 예로 톨스토이가 쓴 '울었다'라는 표현을 똑같이 일곱 번 사용해서 번역한 사실을 들고 있습니다. 원문에서는 과도한 직역의 예로 들고 있지만 직역, 의역을 떠나 원작자가 같은 표현을 일곱 번이나 되풀이해서 사용한 데는 작가 나름의 의도가 있을 것이라는 생각도 필요합니다.
- such slavish devotion은 앞의 내용을 다시 한 번 정리하여 '노예처럼 원작을 그대로 번역하는 것'이 과연 올바른 번역일까 하는 질문을 던지고 있습니다.

수정번역

문학계에서 번역사는 눈칫밥을 먹는 자리입니다. 밀란 쿤데라(Milan Kundera)나 아이작 바셰비스 싱어(Issac Bashevis Singer) 같은 거장들이 번역사들의 원문 훼손을 비난하고 나서자 번역사들은 직역으로 돌아섰습니다. 그 예로 2007년 『전쟁과 평화』를 번역한 리차드 피비어(Richard Pevear)와 라리싸 볼로혼스키(Larissa Volokhonsky) 부부는 한 장면에서 톨스토이가 쓴 그대로 '흐느꼈다'를 일곱 번 똑같이 번역했습니다. 그러나 본문에 코를 박은 직역이 과연 잘하는 번역일까요?

① **No, says Douglas Hofstadter**, Indiana University's Pulitzer Prize-winning cognitive scientist, ② **who moonlights as a translator**. In an afterword to his third work, Francoise Sagan's "La Chamade," he issues a cri de coeur, urging ③ **his brethren to become "co-progenitors"** – ④ **Ella Fitzgerald to the author's Cole Porter, as he puts it** – **who must take liberties or risk failure**.

In "La Chamade," he punches up flat dialogue, refines blurry descriptions and injects dozens of ⑤ **ready-made phrases (such as "bit his tongue" for "he said nothing")** and ⑥ **weird Americanisms ("if that doesn't take the cake!")**. Hofstadter even tweaks the title from ⑦ **"Wild Heartbeat" to "That Mad Ache"** – in part because it's an anagram of "Chamade."

학생번역

인디애나 대학교의 풀리처상 수상자인 인지과학자이면서 ② **번역을 부업으로 하고 있는** ① **더글라스 호프스타터(Douglas Hofstadter) 교수는 아니다**라고 말한다. 프랑소아 사강의 『라 샤마드(열광)』의 세 번째 번역 후기에서 그가 그것을 붙였듯이 ③ **그의 동료들에게** 그 작가의 ④ **콜 포터(Cole Porter)**에 대한 엘라 피츠제랄드(Ella Fitzgerald)처럼 "공동창시자"가 되자고 외치면서 **자유를 가지던지 실패를 감수하던지** 하자고 했다. 『라 샤마드』에서 그는 밋밋한 대화에 힘을 주었고 모호한 표현을 정제했으며 ⑤ **이미 만들어진("그는 아무 말도 하지 않았다" 대신 "혀를 깨물었다"와 같은) 표현**들과 ⑥ **미국식 표현("저것이 케이크를 가지지 않는다면")**들을 수십 개 씩 집어넣었다. 호프스타터는 그것이 『라 샤마드』의 부분적으로 어구 전철이기 때문에 제목을 ⑦ **"야생의 심장박동"에서 "그 미친 고통"** 으로 바꾸기까지 했다.

관련설명

- 인지과학자 호프스타터 교수가 전 문장의 질문에 대해 부인하는 내용이므로 say의 번역을 '말하다' 보다는 더욱 강도가 센 '반박하다'로 번역합니다. 그리고 No를 번역할 때 앞의 질문 내용을 간략히 언급하면 앞 문단과의 연결성을 살린 번역이 됩니다.

- moonlight은 본업 외에 달빛을 받으며 일하는 것을 가리키는 말입니다. 여기서는 '교수 직 외에 번역도 같이 하고 있다'는 의미입니다.
- his brethren은 '그의 형제들'이라는 뜻이나 실제 형제라기보다는 번역 일을 하고 있는 '동료'라고 보는 것이 타당합니다.
- 문장 구조가 복잡해 보이기는 하지만 -Ella Fitzgeralds ~ he puts it -을 빼고 보면, co-progenitors가 who must take liberty or risk failures로 연결됨을 알 수 있습니다.

  그리고 liberty는 '원문에서 자유로워지는 번역'을 의미합니다. 원문에서 자유로운 번역, 즉 의역은 liberal translation입니다. 본문 중의 liberty는 liberal의 명사형입니다. 그러니 의역을 해야만 하고 그러지 않으면 번역이 실패할 것이라는 의미입니다. 그리고 '가수 엘라 피츠제럴드와 작곡가 콜 포터의 관계'를 언급하면서 이를 '작가와 번역사'의 관계로 보려 합니다. 그 두 사람의 관계와 작가와 번역사의 관계가 어떤 연관이 있는지 잘 이해하기 위해서는 먼저 그 두 사람의 관계를 알아야 합니다. 저자가 독자의 이해를 돕기 위해 제시한 고유명사가 다른 문화권의 번역사에게는 장애물인 경우가 많습니다. 하지만 독자의 이해를 도우려는 저자의 의도가 제대로 전달되도록 번역사는 노력해야 합니다.
- ready-made phrase는 '관용 표현' 정도가 되겠습니다. 그러니 예로 든 괄호 안의 표현들도 관용 표현으로 번역해야 합니다. 그러기 위해서는 의미에 맞는 우리말 관용 표현을 찾아야 합니다. 그러지 않고 bit his tongue을 글자 그대로 '혀를 깨물다'라고 번역하면 자칫 '자살하다'라는 의미로 확대 해석될 수도 있음에 주의합니다.
- weird Americanisms는 '괴상한 영어식 표현'으로 호프스타터 교수가 번역했다는 공격성 문장입니다. 예시된 "if that doesn't take a cake"은 자기 일을 제

대로 못하는 경우에 사용되는 표현이니 그 의미에 괴상한 느낌이 더해지도록 번역하면 됩니다.

- Wild Heartbeat을 The Mad Ache로 단어만 앞뒤로 바꾸어서 제목 변경을 했다는 의미이므로 각 제목의 번역도 그런 느낌이 나도록 번역해야 합니다.

수정번역

'직역은 번역이 아니다' 라고 인디애나 대학의 퓰리처상 수상자이며 인지과학자인 번역사 더글라스 호프스타터(Douglas Hofstadter) 교수는 일침을 놓습니다. 호프스타터 교수는 세 번째 작품으로 프랑수아즈 사강의 『열광(La Chamade)』을 번역한 후기에서 번역의 역사를 함께 만들어 가자며 콜 포터(Cole Porter)의 곡을 재즈가수인 엘라 피츠제랄드(Ella Fitzgerald)가 자신의 곡으로 재해석해서 열창했듯이 작가와 번역사의 관계도 마찬가지라고 주장합니다. 호프스타터 교수는 의역이 아니면 번역이 아니라는 입장입니다. 사강의 『열광』에서 교수는 밋밋한 표현을 그대로 쓰는 대신 색깔을 입히고, 애매한 표현은 다듬고 수십 개의 관용 표현으로 대체했으며(예: "그는 아무 말도 안했다" 대신 "꿀 먹은 벙어리"), 미국식 표현으로(예: "자격이 없다" 대신 "케이크 먹을 주제도 못되면서") 바꿔 번역했습니다. 제목을 정할 때도 원제인 "광란의 열정"에서 벗어나 원제의 단어의 위치를 바꿔 "정열의 열광"으로 번역했습니다.

Hofstadter is already a divisive figure in the translating community – ① **"He has absolutely no ear,"** Mikhail Gorbachev's translator Richard Lourie once wrote – and ② **his latest essay** is likely to ③ **fuel a literalism debate** that has reignited in recent years. Presentations tackling ④ **"Servitude or Collaboration?"** at the annual American Translators Association conference have nearly doubled since 2007. Hofstadter, for his part, is undaunted. ⑤ **"If I had to suppress myself," he says, "I wouldn't bother."** ⑥ **Let the war of words begin**.

학생번역

호프스타터는 이미 번역계를 나누는 인물이며 ① **"그는 정말로 귀를 갖고 있지 않다."**고 미하엘 고르바체프의 번역사인 리차드 루리(Richard Lourie)는 한 번 쓴 적이 있으며 ② **그의 최근의 에세이**는 최근 수년 간 재점화되어 온 ③ **직역 논쟁을 가열할** 것 같다. ④ **"노예인가, 공동노력인가?"**를 다루는 발표가 매년 미국 번역가 협회 회의에서 2007년 이래로 열리고 있으며 그 수가 거의 두 배 가까이 되고 있다. 호프스타터는 그 부분에 있어서 요지부동이다. ⑤ **"만일 제 자신을 억눌러야만 한다면 나는 귀찮아하지 않을 것입니다."**라고 그는 말한다. ⑥ **'단어의 전쟁'을 시작하자**.

관련설명

- He has absolutely no ear, 이 문장은 He has absolutely no ear for translation 의 의미로 '번역에 대해 들을 귀가 없다', 즉 번역을 잘 모른다고 강조하는 부분입니다.
- his latest essay에서 his는 '호프스타터 교수'를 가리킵니다.
- fuel a literalism debate는 '직역 논쟁을 부추기고 있다'의 의미입니다. 그리고 그렇게 부추긴 결과로 다음 문장인 '발표 수가 두 배가 되었다'가 연결되도록 번역합니다.
- Servitude or Collaboration?은 Servitude는 노예 상태이니 '직역'을, collaboration은 협동이니 '의역'을 의미합니다.

- if I had to suppress myself와 I wouldn't bother는 가정법 과거입니다. 현재 사실의 반대를 의미합니다. 이처럼 if절이 있는 경우는 가정법인 것을 쉽게 알 수 있지만, 보통은 if절을 생략하고 가정법을 쓰는 경우도 많으니 주절의 동사에 과거형 조동사(would, could, might+동사원형)가 오는 경우를 잘 확인해야 합니다.

  원문은 '내가 나 자신을 억눌려야만 한다면 상관하지 않을 것이다' 라는 의미인데, 여기서 '억누르다' 는 자신이 추구하는 의역을 억누르고 직역을 해야 한다는 의미이고 '상관하지 않겠다' 는 것은 번역을 접겠다는 의미가 됩니다.

- let the war of words begin에서 the war of words는 직역하지 말고 '의역이냐, 직역이냐의 논쟁' 이라고 구체적으로 번역하는 것이 좋습니다. 결국 저는 호프스타터 교수 편입니다.

수정번역

호프스타터 교수는 번역계의 편 가르기에 나선 인물입니다. 미하일 고르바초프(Mikhail Gorbachev) 소련 초대 대통령의 번역사인 리차드 루이(Richard Lourie)는 '호프스타터는 번역의 번 자도 모르는 사람' 이라는 혹평을 한 적이 있습니다. 또 호프스타터 교수가 쓴 최근의 글 때문에 '직역' 에 관한 논쟁이 뜨거워지고 있습니다. 미국 번역가 연례 협회에서 '직역이냐, 의역이냐' 에 대한 연구 발표가 2007년보다 거의 두 배 가까이 늘어난 것이 논쟁의 열기를 짐작게 합니다. '직역을 하라면 차라리 번역계를 떠날 것' 이라는 호프스타터 교수의 입장은 단호합니다. 우리도 한번 '직역이냐, 의역이냐' 에 대한 뜨거운 논쟁을 벌여 보면 좋겠습니다.

4. 영어 원문 활용법

Pardon My French: You Suck At This

In **the literary world**, translators are low in **the pecking order**. Titans like Milan Kundera and Isaac Bashevis Singer have branded them traitors for betraying the beauty of **the original text**, So most keep their heads down closely to **the source material**. In their 2007 version of "War and Peace," translators Richard Pevear and Larissa Volokhonsky **preserved Tolstoy's use of** "wept" seven times in a single scene. But hold on a minute – is such **slavish devotion** really **the right approach**?

Hofstadter, Indiana University's Pulitzer **Prize-winning** cognitive scientist, who **moonlights** as a translator. **In an afterword to** his third work, Francoise Sagan's "La Chamade," he issues a cri de coeur, **urging** his brethren to become "co-progenitors" – Ella Fitzgeralds to the author's Cole Porter, as he puts it – who must take liberties or risk failure. In "La Chamade," he **punches up flat dialogue**, **refines blurry descriptions** and injects dozens of ready-made phrases (such as "bit his tongue" for "he said nothing" and weird Americanisms ("if that doesn't take the cake!"). Hofstadter even tweaks the title from "Wild Heartbeat" to "That Mad Ache" – in part because it's an anagram of "Chamade."

Hofstadter is already a divisive figure in the translating community – "He **has absolutely no ear**," Mikhail Gorbachev's translator Richard Lourie once wrote – and his latest essay is likely to **fuel a** literalism **debate that has reignited** in recent years. Presentations tackling "Servitude or Collaboration?" at the annual American Translators Association conference **have nearly**

doubled since 2007. Hofstadter, for his part, **is undaunted**. "If I had to **suppress myself**," he says, "I wouldn't bother." Let the war of words begin.

— Newsweek Magazine

1 | the literary world는 문학계로 the literary circle로도 쓸 수 있습니다.

2 | the pecking order는 서열을 의미하는데, 이는 닭들 중에 제일 센 놈이 자기 밑의 닭을 부리로 쪼고, 그리고 그 밑에 닭은 자기 밑의 닭을 쪼아 대는 것에 빗대어 생긴 표현입니다.

3 | the original text와 the source material은 '원문'입니다.

4 | preserve the use of는 있는 그대로 사용한다는 표현인데, 비슷한 표현으로는 use the same이 있습니다.
    ex. Prince Charles preserves the use of the 1662 Book of Common Prayer.
    (찰스 황태자는 1662년 평민 기도서를 아직도 사용하고 있다.)

5 | slavish devotion은 '죽으라면 죽는 시늉도 한다'는 의미로 쓸 수 있습니다.
    ex 1. Slavish devotion of the Internet is a red flag for internet users. (누리꾼들이 인터넷 노예가 되는 것을 경고해야 한다.)
    ex 2. The designer attracts such slavish devotion from his clients. (그 디자이너는 고객들이 자신의 상품을 무조건 사도록 만든다.)

6 | the right approach는 '맞는 방법'의 의미로 way나 method를 대신해 사용할

수 있습니다.

7 | prize-winning은 '상을 수상한' 으로 수상자는 a prize winner 또는 a prize recipient라고 합니다.

8 | moonlight는 work a second job, 즉 '부업하다' 의 의미입니다. a moonlighter 는 '두 개의 직업을 갖고 있는 사람' 으로 우리말의 '투잡스족' 에 해당합니다.

9 | in an afterword to는 '~라는 후기에서' 의 의미입니다. 도입부는 introduction 입니다. 책에 쓰이는 표현 중에서 a companion to the book은 '자매편' 또는 '안내서' 로 번역된다는 사실에 주의하세요.

10 | urge는 명사로 쓰일 때는 a strong desire, 즉 '충동' 이고, 동사로 쓰일 때는 '촉구하다' 의 의미가 됩니다. 거기에서 발전하여 have to를 대신하는 '해야 한다' 의 의미로도 쓸 수 있습니다.

 ex 1. 8 ways to balance your urge (당신의 충동을 다스릴 8가지 방법)

 ex 2. Many experts urge schools to root our school violence. (많은 전문가 들이 학교 폭력을 근절해야 한다고 합니다.)

11 | Punch up flat dialogues에서 punch up은 '싸우다' 와 '활기를 넣다' 중 두 번째 뜻으로 쓰였고 flat은 '납작한' 과 '맥빠진, 김빠진' 중 역시 두 번째 의 미로 쓰였습니다. 정리하면 '맥빠진 대화를 생생하게 만들다' 라는 의미인데, 외워 두면 다음과 같은 경우에 활용할 수 있습니다.

 ex. Inject active voice to punch up your composition. (작문을 능동태로 써

서 활기찬 느낌을 살리세요.)

12 | refine blurry descriptions는 '애매한 표현을 다듬다'로 외워 둡니다.

　　ex. To present your ideas succinctly, you need to refine blurry descriptions in your presentation. (발표를 잘하려면 애매한 표현들을 다듬으세요.)

13 | has absolutely no ear는 '~에 대해 전혀 알지 못한다'는 표현입니다.

　　ex. He has absolutely no ear for music. (그는 음악을 전혀 들을 줄 모른다.)

14 | fuel a debate that has reignited에서 reignite는 우리말 '다시 도마 위에 오르다'로, fuel a debate은 '논란을 부추기다'로 번역할 수 있습니다. 정리하면 '다시 도마 위에 오른 논란을 부추기다'가 됩니다.

　　ex. Tweets fueled a political debate that has reignited. (트위터상에서 정치적 논쟁이 다시 뜨겁게 벌어지고 있다.)

15 | have nearly doubled는 그 수치가 '두 배에 가깝다'로, '두 배에'를 영어에서는 동사로 쓰는 것을 기억하십시오.

　　ex. Ticket sales have nearly doubled. (입장권 판매가 거의 두 배가 되었다.)

16 | is undaunted는 '꿈쩍도 하지 않다, 요지부동이다'의 의미로 쓰입니다.

　　ex. I am undaunted by challenges. (어떤 일이 생겨도 난 문제없어.)

17 | suppress myself는 '내 자신을 억누르다'인데, '자제하다' 또는 '하고 싶은 대로 못하게 하다'의 의미로 쓸 수 있습니다.

ex. Please suppress your mind and forgive me. (제발 참고 용서해 주세요.)

5. 번역에서 주의해야 할 표현

다음은 번역을 할 때 유의해야 할 표현입니다.

1 | He sticks to **literal translation**.

그는 **직역**을 고집한다.

2 | She sticks to **liberal translation**.

그녀는 **의역**을 고집한다.

3 | **Back Translation** is the process of translating a document that has already been translated into a foreign language back to the original language.

역번역은 번역물을 다시 원문의 언어로 번역하는 것이다.

4 | Two translators are going to do **rough draft translations**.

두 명의 번역사가 **초벌 번역**을 하기로 했다.

5 | The metaphor was **lost in translation**.

은유법이 **번역에서 빠졌다**.

6 | I read 'Eat Pray Love' **in translation**.

나는 '먹고 기도하고 사랑하라'를 **영한 대역으로** 읽었다.

7 | Translate **source language** into **target language**.

출발어를 **도착어**로 번역하시오. (출발어: 번역할 원문의 언어, 도착어: 번역한 언어)

8 | '**The translation quote**' contains details including the translation cost, delivery time and so on.

'**번역 견적**' 은 번역료, 납기일 등 번역에 관련된 세부 사항을 지칭한다.

9 | '**LOTE**' or '**Language Other Than English**' is a name used to describe material written in languages other than English.

'**LOTE**' 는 영어 이외의 언어로 쓰인 자료를 가리키는 용어이다.

10 | I'd like to work as an **in-house translator**.

저는 **상근 번역사**로 일하고 싶습니다.

11 | '**Inbound text**' is a text intended for internal use.

'**인바운드 텍스트**' 는 내부 전용 문서이다.

12 | '**Outbound text**' is a text intended for publication.

'**아웃바운드 텍스트**' 는 출판용이다.

13 | '**Parallel text**' is a text similar to one being translated.

'**페러렐 텍스트**' 는 번역 중인 원문과 **비슷한 내용의 자료**이다.

14 | '**Revising**' is to identify errors and make appropriate changes.

'**퇴고**' 는 오류를 발견해서 수정하는 작업이다.

15 | Our **target readership** is people in their 20s to 30s.

우리의 **주요 독자층**은 이삼십 대이다.

16 | A **translation memory** system stores translated data to make it easily accessible to human translators for the next use.

'**번역 메모리**' 는 번역한 자료를 데이터로 만들어 번역사가 필요할 때마다 이용할 수 있도록 하는 시스템이다.

17 | Due to time constraint, clients may ask for a '**gist translation**'.

시간 관계상 의뢰인들이 '**요약 번역**' 을 요청할 수 있습니다.

18 | A '**technical translation**' refers to the need for specialist translators.

'**기술 번역**' 은 그 분야의 전문 번역사가 해야 한다.

19 | **'Hard copies'** are usually paper such as faxes, letters and brochures.

'하드카피'는 보통 팩스나 편지, 안내 책자 등 출력된 자료를 말한다.

20 | **Turnaround time** refers to the time taken for a document to get translated.

'턴어라운드 타임'은 번역이 완성되기까지의 소요 시간을 말합니다.

6. 총정리

이번 원문은 짧은 제목 번역에서부터 많은 설명이 필요했습니다. 번역 일도 같은 맥락이라고 생각합니다. 원문이 내포하는 의미가 많아 비슷한 분량으로 번역하기가 녹록하지 않습니다.

"나에게는 삶이 이렇게 무거운데 당신에게는 왜 그렇게 가벼운 건가요?"라는 여자 주인공의 질문에서 제목이 비롯된 『참을 수 없는 존재의 가벼움』은 원작이 불어입니다. 이 책에서 밀란 쿤데라는 번역사를 원문을 해치는 반역자로 낙인찍고 있지만 번역사가 없었다면 우리는 톨스토이의 작품도, 괴테의 작품도 만날 수 없었을 것입니다.

'시골의사' 박경철은 『참을 수 없는 존재의 가벼움』을 한글 번역판으로 읽은 후 다시 영어판을 구해 읽었다고 합니다. 하지만 영어판 역시 원본이 아니어서 번역판을 읽으면서 부족했던 점(lost in translation)을 여전히 채울 수 없었다고 합니다. 그렇다면 불어를 공부하지 않고는 쿤데라 소설의 부족한 2%는 영원히 채울 수가 없는 것일까요? 바로 여기에 번역사의 소명이 있습니다. 원문을 읽을 수 없는 독자에게 부족한 2%가 생기지 않는 번역을 해야 할 소명 말입니다.

빵~ 터지는 Punchline

Cat and Mouse

A mouse is in his mouse hole and he wants to go out to get something to eat, but he's afraid there might be a big cat outside. So he puts his ear by the opening and all he hears is "Bow WoW." So he thinks, 'Well, there can't be a cat out there because there's a big old dog.' So he goest out of his mouse hole and is promptly caught and eaten by a cat who licks his lilps and says, "It's good to be bilingual!!"

쥐와 고양이

쥐구멍에 숨은 쥐가 먹이를 찾아 밖으로 나가고 싶었지만 덩치 큰 고양이가 지키고 있을까 봐 겁이 났습니다. 그래서 바깥쪽에 귀를 대어 보니 "멍멍" 하는 소리만 들렸습니다. 그러자 쥐는 '집에 있는 덩치 크고 나이 든 개가 저렇게 지키고 있으니 고양이가 있을 리 없어.' 라고 생각했습니다. 그러나 쥐구멍을 나가자마자 바로 고양이한테 잡혀서 먹잇감이 되었습니다. 고양이는 "역시 2개 국어는 짱이야!!" 라며 입술을 핥았습니다.

부록

교수님,
질문 있습니다

수업을 하다 보면 학생들에게 많은 질문을 받게 됩니다. 그런데 그중에는 비단 질문을 한 학생뿐 아니라 다른 학생에게도 유익한 질문들이 종종 있습니다. 여기에 그런 질문들을 정리해 보았습니다.

좋은 번역에 관한 질문

Q 안녕하세요, 교수님? 지금까지 번역 과제를 하다 보니까 계속 딜레마에 빠지는 부분이 있어서요. 상당히 긴 문장임에도 짧게 번역되는 문장이 있고, 짧은 문장인데도 꽤나 길게 번역되는 문장이 있더라고요. 그리고 앞뒤 문장의 순서를 바꿔서 번역하는 게 더 자연스러운 경우도 있고, 한 문장이지만 끊어서 두 문장으로 번역하는 게 더 자연스러운 경우와 두 문장이지만 연결해서 한 문장으로 번역하는 게 더 자연스러운 경우도 있고요. 단어나 어휘 같은 것들을 충실하게 옮겨서 번역해야 하듯이 문장의 구조나 형태, 그리고 길이 같은 것도 가능한 한 맞춰서 번역해야 하는지 궁금해요. 어떤 규칙이 있는 건가요?

A 좋은 번역은 원문의 내용을 그 상황에 맞는 우리말 표현과 구조로 정확

하게 번역하는 것입니다. 그러니 번역 과정에서 원문은 짧지만 우리말로는 긴 문장이 되거나 한 문장의 원문을 두 문장으로 나누어 번역하는 일이 생기는 것은 어쩌면 당연한 일입니다. 다만 원문 전체 분량이 비슷하게 끝나도록 할 필요는 있습니다. 신기한 것은 제가 번역을 마친 후 번역이 잘되었다는 생각이 드는 경우에는 원문과 번역문의 파일 용량이 거의 같았다는 점입니다. 자주 반복하는 얘기긴 하지만 번역을 시작하기 전 원문의 내용을 술술 이야기할 수 있을 정도로 충분히 읽은 후 번역하는 것이 좋습니다. 그러면 원문의 글자와 구조에 얽매이지 않는 재미있는 번역 작업을 할 수 있게 될 것입니다.

Q 교수님께서는 좋은 번역과 관련해 자주 원문의 연결성을 살려 번역해야 한다고 언급하시는데요, 원문의 연결성을 잘 파악할 수 있는 방법이나 힌트가 있으면 알려 주세요.

A 모든 글에는 인과관계가 있고, 특히 시사물은 구성의 특징이 있습니다. 예를 들어 유가 폭등에 관한 기사를 쓸 때 처음부터 기름 값에 관해 쓰는 경우는 드뭅니다. 그 대신 '부천의 김 모 씨(46세)는 오늘도 고민이다. 피곤한데 차를 몰고 갈까, 아니면 지하철로 출근해야 하나?' 하는 식으로 먼저 독자의 관심을 끌고, 이어서 왜 그런 고민을 하는지를 얘기하며 유가에 관한 이야기를 꺼냅니다. '김 모 씨가 이런 고민을 하는 이유는 최근 기름 값이 대폭 상승했기 때문이다.' 그리고 그다음으로 문제에 관한 분석 및 해결, 예측 등이 따라 나옵니다. 주제가 달라지더라도 시사물의 경우는 대개 이런 순서로 글이 이어집니다. 그러므로 원문을 읽을 때 이런 구성 순서를 염두에 두고 다음에 나올 내용을 미리 예상하면서 읽으면 글 안의 연결성을 쉽게 찾을 수 있을 것입니다.

Q 인터넷에서 영어 명언에 관한 글을 읽던 중에 다음과 같은 문장이 나오던데, 이건 무슨 뜻일까요? "Translators, traitors." 왜 번역사가 배신자인가요?

A 이탈리아 명언에 "Tradutorre traditore."가 있습니다. 'A translator is a traitor.'라는 뜻이지요. 이는 번역사가 번역 과정에서 자신이 충실히 재현해 내기로 약속한 원작의 의미를 훼손하고 변형시킨다는 생각이 담긴 명언입니다. 그러므로 그런 번역사가 되지 않도록 원문 읽기를 정확히 하고 알고 있는 단어라도 조금이라도 의심이 가면 검색해 보는 습관을 가져야 하겠습니다.

직역과 의역

Q 원문 번역을 할 때마다 느끼는 건데, 영어 단어도 많이 알아야 하지만 우리말을 많이 알아야 번역을 잘할 수 있다는 생각이 듭니다. 하지만 원문의 내용을 좀 더 정확히 전달하려다 지나치거나 과장된 번역이 되어 버리는 때가 있습니다. 원문에 충실하면서도 과하지 않은 범위 내에서 번역할 수 있는 좋은 방법이 있는지 알고 싶습니다.

A 의역에 관한 질문이군요. 의역은 원활한 의미 전달을 위해 필요한 부분이긴 하지만, 번역이 창작이 아니라는 사실 때문에 한계를 정할 필요는 있습니다. 번역 용어 중에 back translation을 들어 본 적이 있습니까? 원문을 번역한 후 그 번역문을 다시 원문의 언어로 번역하는 것입니다. 물론 처음의 원문과 나중에 다시 원문의 언어로 번역한 것의 내용이 같아야겠지요. 지나치게 의역된 것이 아닌지 의심이 생기는 경우에는 이 방법을 활용해 볼 것을 권합니다. 그러다 보면 의역의 한계가 명확해질 것입니다. back translation은 내용이 중요한 계약서와

같은 서류의 경우 번역이 제대로 되었는지 확인하기 위해서 클라이언트가 사용하는 방법이기도 합니다.

Q 교수님께서는 잘된 번역은 원문을 모르는 독자가 번역문을 읽고 원문이 궁금하거나 이상하다고 생각되는 부분이 없도록 우리말로 쉽게 잘 풀어 놓은 것이라고 하셨습니다. 그런데 이번 과제를 하다 보니 전문적인 분야의 번역은 아무래도 뜻을 쉽게 전달하는 데 집중하다 보면 원문에 없는 부연설명을 한두 절 첨가하거나 원문의 표현을 조금 삭제하게 되더라고요. 이렇게 번역을 하는 것은 너무 의역한 것일까요?

A 번역을 하다 보면 의미 전달력을 높이기 위해 없는 표현을 넣기도 하고 있는 표현을 빼기도 합니다. 이것은 곧 직역이냐, 의역이냐의 문제로 귀결되는데, 정답은 '원문에 없는 의미를 덧붙이지 않으면서 전달력을 높일 수 있어야 한다' 입니다.

ex 1. introduce celebrity marketing strategy.

유명인사**를 활용한** 마케팅 전략을 펼치다. (없는 표현을 넣은 예)

ex 2. The debate is focusing on the tourism industry **in line with** green growth.

녹색성장시대 관광사업에 관한 논의가 한창이다. (있는 표현을 뺀 예)

오역에 관한 질문

Q 이번 강의는 처음부터 충격이었어요. 과제가 쉬웠다고 생각했는데 첫 문단부터 오역이라니…. 눈이 어떻게 됐는지 여러 번 봤음에도 불구하고 signing

을 계속 singing으로 읽었더라고요. 그랬더니 자연스럽게 작가가 노래를 해 준다는 내용이 되어 버린 거예요. 교수님, 이렇게 자연스러운 오역이 나올 수도 있는 건가요? 전 강의 들을 때까지 제가 틀렸다고는 꿈에도 생각하지 못했거든요. 좌절이에요….

A 번역 원문은 처음 읽을 때가 가장 중요합니다. 대충 읽다가 단어를 잘못 읽은 경우, 처음에는 그 뜻이 이상하게 여겨지지만 점차 나름의 스토리가 만들어지게 되어 결국 오역을 하게 됩니다. 번역을 할 때 가장 중요한 것은 원문의 정확한 이해입니다. 그런데 많은 학생들이 배경지식이나 모르는 단어를 찾는 데 열중하느라, 정작 원문을 신중히 정독해야 한다는 중요한 사실을 잊어버립니다. 번역을 시작하기 전 반드시 해야 할 일은 원문을 여러 번 정독하는 일입니다. 원문이 어렵다고 생각될 때 원문을 집중해서 여러 번 읽다 보면 처음에 이해가 되지 않았던 부분이 차츰 이해되기도 합니다.

Q "Teachers teach students **with differing skill levels**." 이 문장에서 '다른 기술 수준'을 갖는 것이 교사일까요, 학생일까요?

A 문장에서 수식을 받는 부분이 불분명한 경우가 많습니다. 그래서 영문학에서는 'syntacs(구문학)' 라는 과목을 통해 영문의 구조를 가계도처럼 그려 보기도 하고, 'semantics(의미학)' 라는 학문에서는 같은 문장이 문맥에 따라 다른 의미를 가지는 경우를 연구하기도 합니다.
이런 종류의 대표적인 문장이 "He saw a policeman **with binoculars**." 입니다. '쌍안경으로 경찰을 봤다.' 는 것인지, '쌍안경을 가진 경찰을 봤다.' 는 것인지 혼동됩니다. 이렇듯 단순히 한 문장만으로는 그 뜻을 정확히 전달하는 데 오해의 소지가 있음을 알 수 있습니다. 그러므로 질문하신 문장도 그 문장뿐 아니라 앞뒤 문맥을 고려해서 답을 얻어야 합니다.

시제 번역

Q 소설도 많이 읽고 이래저래 글을 많이 접한다고 생각했는데, 막상 외국어를 우리말로 옮기려니 이야기가 완전히 틀려지네요. 소설은 대부분 과거형으로 쓰이는 것으로 알고 있습니다. 과거에 있었던 일을 들려주는 거라고 이해하고 있었거든요. 그런데 번역을 하느라 자세히 보니 과거형과 현재형이 복합적으로 쓰이기도 하더군요. 번역할 때 시제를 어떻게 해야 할지 궁금합니다. 현재형으로 번역하면 좀 글이 어색해지는 경우가 있어서요.

A 영어는 우리말과는 달리 12개 이상의 시제가 있어 구조가 다른 우리말로 번역할 때 그대로 번역하기에는 무리가 있습니다.
She writes a letter. / She is writing a letter. 이 두 문장은 각각 어떻게 번역해야 할까요? 전자는 현재형으로 습관이나 상태를 표현하니 '그녀는 편지를 쓰는 습관이 있다.'로, 후자는 진행형이니 현재의 동작을 나타내도록 '그녀는 편지를 쓰는 중이다.'로 번역합니다.
그리고 과거와 과거 분사의 시제를 번역할 때에도 어려운 부분이 있습니다. I **had** lunch. / I **had had** lunch when she came. 어떻게 번역해야 할까요? 문장만을 보면 전자는 과거형으로 '나는 점심을 먹었다.' 입니다. 그리고 후자는 과거완료형으로 '그녀가 오기 전 나는 점심을 먹었었다.'가 되어야 앞 문장과 시제 차이가 나는 번역이 되지요. 하지만 정말 어색합니다. 이런 경우에는 부사를 활용하여 '그녀가 왔을 때 나는 **이미** 점심을 먹었다.'로 처리할 수 있습니다.

단수와 복수 번역

Q 우리말은 단수, 복수의 구별이 엄격하지 않으며, 영어의 정관사나 부정관사가 없다고 하셨습니다. 좀 더 자세히 설명해 주십시오.

A 단수, 복수가 없다고 한 것은 "There are two apple trees by the river."를 번역할 때 영어는 two가 오면 반드시 apple이 복수가 되어야 하지만 우리말은 '두 그루의 사과나무들'이 아닌 '두 그루의 사과나무'로 번역하는 것이 자연스럽다는 의미입니다. 또 "They share a room."에서 관사 a의 번역도 '그들은 한 개의 방을 같이 쓰고 있다.'가 아닌 '그들은 한방을 쓰고 있다.' 혹은 '그들은 같은 방을 쓰고 있다.'로 번역하는 것이 우리말에 가깝습니다.

다의어 번역

Q Phillip McGraw의 책 제목인 *The Self Matters: Companion*에서 Companion을 어떻게 번역해야 할까요?

A companion은 '동반자'입니다. 그런데 이 경우 그 뜻이 머릿속에 너무 굳어져서 우리는 다른 뜻이 있으리라고는 거의 생각을 못합니다. 거기서 바로 오역이 시작됩니다. 우리가 안다고 생각하는 단어에 제2, 제3의 뜻이 있기 때문에 영어를 정복하는 것이 어렵습니다. 중요한 것은 처음 자신이 아는 뜻으로 문장의 의미가 파악되지 않는다면 바로 '검색'을 시작해야 한다는 것입니다.
A companion volume to~라는 표현은 '~의 자매편(자매편)'의 의미로 쓰입니다. 그러므로 위의 제목은 A companion volume to the best-selling The Self

Matters라고 썼으면 혼동되지 않았을 부분입니다. 그러나 이번 제목의 경우와 마찬가지로 영어에서는 간단히 줄여서 쓰는 일이 많습니다. 그러니 자신이 알고 있다고 생각하는 단어나 관용 표현의 의미가 그것만으로 충분하지 않을 때는 자신을 믿을 것이 아니라 즉시 검색을 시작해야 합니다.

Q "Asia is a land of artificially cheap energy." 이 문장에서 artificially는 '인위적으로' 라는 의미인데 '인위적으로 싼 에너지' 라고 하니 무슨 말인지 모르겠어요. 어떻게 번역해야 하나요?

A 부사를 일대일로 번역했기 때문에 생긴 문제입니다. 번역은 단어들을 각각 번역하는 것이 아니라 문맥과 전달하려는 의미를 고려해 번역해야 합니다. '아시아는 인위적으로 저렴한 에너지 지역' 이 전달하려는 의미는 아시아에서는 '인위적' 으로 에너지의 값을 낮춰 제공한다는 것입니다.
그러니 그런 문맥에 맞는 '일부러' 라는 우리말 표현을 사용하여 '아시아 지역은 일부러 에너지를 싼값에 공급한다.' 로 번역하면 됩니다. 다음은 다른 예입니다.

ex. **Unfortunately**, this machine Is not working.

공교롭게도 기계가 고장이다.

Q citizen을 사전에서 찾아보니 다음과 같았습니다.

citizen

– noun

1. an inhabitant of a city or town.

2. a native of a country or state, or a naturalized member of it.

예문들을 보면 citizen을 시민, 국민 등으로 사용하고 있는데, 어느 경우에 '시민'으로 사용하고 어느 경우에 '국민'으로 사용하는지 알고 싶습니다. 사회적, 신분적, 계층적 구분 개념이 있는 것인지도 궁금합니다.

A family도 가족, 가정, 가구 등 각각 함축된 의미가 다른 단어로 번역됩니다. 이때 어떤 단어를 선택할 것인가는 문맥에 따라 결정됩니다. 즉 누가 어떤 상황에서 사용하는지가 가장 중요합니다. citizen은 권력자가 사용할 때는 '국민'으로, 일반인이 구성원을 가리킬 때는 '시민'으로 씁니다.

ex 1. Every **citizens** is obliged to pay his or her fair share of taxes.

모든 **국민은** 자기 몫의 세금을 납부할 의무가 있습니다.

ex 2. She's Italian by birth, but is now an American **citizen**.

그녀는 이탈리아에서 태어났지만 지금은 미국 **시민**이다.

Q "Technically, two countries are at war."에서 technically의 번역을 어떻게 해야 할까요?

A technically를 알고 있는 단어라고 생각하고 사전을 찾지 않으면 번역이 어려울 것입니다. 사전을 찾아보면 technically는 '기술적으로'라는 의미도 있지만 '사실상'이라는 의미도 있습니다. 그러니 '사실상 양국은 전쟁 중이다.'로 번역합니다. 처음 원문을 읽을 때 알고 있는 뜻으로 이해가 되지 않을 때는 항상 아는 단어라도 사전을 찾아보아야 합니다. 다음은 다른 예입니다.

ex. They're **technically** living together.

그들은 **사실상** 동거 중이다.

부록 **247**

호칭 및 명칭 번역

Q 소설 번역을 하다가 궁금한 점이 생겼습니다. 주인공이 자신보다 나이가 많은 여자를 부를 때 원문에서는 그냥 이름을 부르는데, 우리 문화에선 그보다는 '○○ 언니'라고 부르곤 하잖아요. 이런 경우 호칭을 어떻게 번역해야 할까요?

A 영어 소설을 번역한 것이니 영어 원문대로 이름만 번역해도 무방합니다. 하지만 '언니'라는 호칭을 붙여 번역해야 하는지 고민이 필요한 부분이긴 하지요. 예를 들어 영어 소설에서 자신의 시어머니를 Mary라고 부르는 장면을 어떻게 번역해야 할까요? 그냥 '메리'라고 할지, 아니면 '어머니'라고 번역할지 상황에 따라 판단이 필요합니다. 이것은 문화의 차이가 반영되어야 하느냐의 문제입니다. 영어권에서는 이름으로 상대를 부르지만 우리나라에서는 남남이라도 나이 고하에 따라 서열이 매겨져서 언니, 형, 오빠, 누나 등으로 호칭합니다. 그리고 원문에서 시어머니의 이름을 부르는 경우 그대로 부를지, 아니면 우리의 정서를 따라 이름 대신 '어머니'라고 부를지 일관성이 있어야 합니다. 이름을 그대로 번역하는 경우는 외국 소설을 번역한 번한 소설이라는 점이 짙게 부각될 것이고 '어머니'라고 번역하는 경우는 우리의 정서에 훨씬 가까운 번역이 될 것입니다. 번역할 때는 이러한 부분을 고려해서 최종 결정을 해야 합니다.

Q 신문 기사를 읽다 보니 어떤 기사에는 워싱턴 DC, 어떤 기사에는 워싱턴 디씨 이렇게 쓰였더라고요. 그래서 저는 좀 더 자연스러운 전자를 활용했습니다. 제 판단이 옳은 걸까요?

A 영한 번역은 번역에 영어가 섞여 있지 않도록, 한영 번역은 번역에 한국

어가 없도록 하는 것이 좋습니다. 한영 번역에 한국어를 섞어 쓰지는 않으면서 영한 번역에는 U.N. 등 영어를 그대로 쓰는 경우가 많습니다. 주의해야 할 부분입니다.

ex. Let **the U.N**. do their jobs to resolve the situation peacefully.

유엔/U.N.이 그 상황에 맞는 평화적인 해결책을 찾도록 합시다.

Q 이번 강의에서 Open content Alliance를 '개방콘텐츠연맹'으로 번역하셨던데요. 기관명을 번역할 때 고려해야 할 점은 무엇인가요?

A 기관명을 우리말로 번역할 때에는 본뜻을 잘 살릴 수도 있도록, 번역 과정에서 의미를 상실하지 않도록 주의해야 합니다. 왜냐하면 이후 번역된 표현이 계속 사용될 수 있기 때문입니다. 예를 들어 천안함 사건 때 언론에 많이 부각되었던 UDT는 Underwater Demolition Team의 약어로 당시 우리말로는 '수중파괴대'로 번역되어 사용되었습니다. 하지만 demolition을 글자 그대로의 의미인 '파괴'로 번역하는 대신 그분들의 위상을 고려해 '수중 수호대'라고 의미 중심으로 번역하면 더 좋았을 것이라고 생각합니다.

관용 표현 등에 관한 번역

Q "He is on the south side of middle age." 어떻게 번역하면 될까요? 미국 남부를 의미하는 건지, 중년의 어느 무렵을 의미하는 건지 궁금합니다. 그리고 사람 성격을 나타내는 표현인 much hotter는 어떻게 번역하는 게 좋을까요?

A 영어의 관용 표현을 살펴보면 직접적인 표현보다는 이미지를 이용한 표

현이 많습니다. dig in one's heels가 그런 예입니다. 줄다리기를 할 때처럼 발뒤꿈치로 바닥을 파면서 '버티다'의 의미입니다. 이런 맥락으로 이해를 시작하면 관용 표현의 의미를 보다 쉽게 알 수 있습니다. 글자 그대로 south는 '남쪽'이니 '중년의 남쪽'이고 미국에서 '남쪽'은 날씨 좋고 살기 좋은 곳으로 꼽히니 '중년의 잘나가는' 정도의 의미가 되겠습니다. 그리고 much hotter는 '훨씬 섹시한, 멋진'의 의미를 가지고 있습니다.

은유적인 표현에 관한 번역

Q 작가가 은유적으로 표현해서 독자들이 유추하길 바라는 부분까지도 우리말로 적절히 번역해 주어야 하는지, 그것이 궁금합니다. 예를 들어 "I felt chained to the sink."의 경우, '체인에 묶여 있는 것처럼 느껴졌다.'라고 문장 그대로 번역하면 독자들이 상상을 하면서 설거지만 하루 종일 했구나, 라고 더 현실감 있게 느낄 수 있지 않은가 해서요. 작가는 그걸 바라고 그리 표현했을 텐데 말이지요. 그렇다면 그것을 독자가 편하게 읽을 수 있도록 번역사가 의역을 해주는 것이 과연 바람직한 번역일까요?

A 은유법은 작가가 본래의 생각을 숨기고 은근슬쩍 비유를 통해 표현하려는 대상이나 상황을 묘사하는 기법입니다. 그러니 은유적인 표현을 썼다면 당연히 그 기법을 살려 번역해야 합니다. 예를 하나 들어 볼까요? 작가가 인간의 고독을 은유적으로 "Man is a prisoner in a solitary tower."라고 묘사한 경우, 번역사는 그 숨겨진 본래의 뜻을 찾아 '인간은 고독하다.'로 번역하기보다는 '인간은 고독의 탑에 갇힌 죄수다.'로 번역해야 합니다.

같은 대상을 다르게 표현했을 때의 번역

Q "After a decade of trying and two painful defeats, the South Korean city finally won its Olympic prize Wednesday, crushing two European rivals in a landslide vote for the 2018 Games and taking the event to **the Asian country for the first time**." 저는 이 글을 번역하면서 first time이란 부분이 의외로 좀 어려웠습니다. '평창 동계올림픽을 아시아에서 처음으로 유치했다.' 라고 하면 사실이 아니거든요. 왜냐하면 아시아에서 동계올림픽이 열리는 것은 1972년 삿포로 대회와 1998년 나가노 대회에 이어 세 번째이며, 국가로는 일본에 이어 한국이 두 번째니까요. 그래서 번역할 때 Asian country를 뺐는데, 그래도 될까요?

A 본문의 the Asian country는 '아시아' 전체를 가리키는 것이 아니라 '한국'을 가리키는 것입니다. 영어는 같은 대상을 여러 번 언급하는 경우 다른 식으로 바꿔서 표현합니다. 이런 사실을 모른 채 번역하면 착오가 생길 수밖에 없습니다. 그러므로 위 문장은 '한국이 처음으로 동계올림픽을 개최하게 되었다.' 는 의미입니다. 그러니 '그 아시아 국가' 라고 번역하지 말고 구체적인 의미인 '한국'으로 번역하는 것이 맞습니다. 그 편이 훨씬 의미 전달도 명료할 것입니다.

문화 차이에 따른 번역

Q 이창래 작가의 *The Surrendered*의 원문을 보다 보니 의문이 듭니다. 6·25 전쟁이 배경인데 군인들이 playing card 하는 부분을 '카드'를 한다고 할지, 아니면 '화투'로 바꿔 번역해도 괜찮은지 궁금합니다. 또 화투의 영어 표현

을 찾아보니 flower cards도 있지만 그냥 card도 있는데 어느 쪽이 더 나은 표현일까요? 1950년대이고 추레한 군인들이라는 걸로 봐선 화투였을 것 같은 생각이 드는데, 그때도 카드가 있었을까요?

A 좋은 질문입니다. '화투'로 번역할 수도 있겠습니다만, 그때 미군이 우리나라에 주둔했으니 문맥을 잘 파악해서 미군일 경우라면 그냥 '카드'로 번역해야 합니다. 그리고 '화투'의 영어 표현은 Hwatu (flower cards)로 번역하는 것이 우리가 쓰는 이름도 알려 주면서 무슨 용도로 쓰이는 것인지도 알려 줄 수 있어서 바람직합니다. 이제는 유명해져서 따로 설명이 필요 없는 '김치'를 Kimchi로 표기하는 것과 같습니다.

글자 뒤에 숨어 있는 의미 전달까지 필요한 번역

Q 문자 그대로 번역하는 것보다 의미를 담아 번역하는 것이 더 좋은 방법이라고 배웠습니다. 하지만 아이러니한 상황은 어떻게 번역해야 좋을까요? 예를 들어 누군가가 'OO는 예쁘다.'라고 말하면서 실제로는 못생겼다고 생각하고 있어서 그 생각이 어조나 표정을 통해 표현되는 경우 말입니다. 이런 경우 어떻게 번역해야 할까요? "OO is pretty."라고 하는 게 좋을까요, 아니면 "OO is ugly."라고 해야 할까요?

A 우리는 우리가 말이나 글을 통해 소통을 한다고 생각하지만, 실제로 언어 자체는 전달력의 7퍼센트를 차지할 뿐 93퍼센트는 신체 언어가 차지한다고 합니다. 질문의 예가 친구가 자기 여자 친구가 어떠냐고 물어보는 상황이고 자신은 그녀가 예쁘지 않다고 생각하는 상황이라면 "She is pretty," he said.는 "'예

쁘던데."라는 말이 빈말 같았다.'로 번역하면 되겠습니다.

Q "There were a few scruffy soldiers drinking and playing cards by the depot shack, though their presence could only mean **trouble** even for a girl her age." 이 문장을 읽고 군인들의 존재가 트러블을 의미한다는 부분에서 준 같은 어린 여자애들이라도 군인들에게 해코지를 당할 수 있다는 뉘앙스가 있다는 느낌을 받았습니다. 그래서 '역 근처 가건물에서는 추레한 군인들 몇이서 술을 마시고 화투를 치고 있었는데 준 또래의 계집애라 할지라도 군인들이 있다는 건 신경을 거슬리게 할 뿐이었다.'라고 번역했습니다. 물론 제 번역이 매끄럽지는 않지만 제가 생각했던 그런 뉘앙스를 가지고 있다고는 생각되는데, 이런 식으로 번역해도 되는 것인지 궁금합니다. 참, 이 문장은 소설 속 한 문장입니다.

A 소설이란 독자의 경험과 생각에 따라 여러 가지로 해석이 가능합니다. 비단 영어 소설만이 아니라 한글 소설을 읽을 때도 마찬가지입니다. 위 소설의 배경이 되는 전쟁 상황에서는 같은 군인들을 보고도 그들에 대해 갖게 되는 생각은 사람마다 다를 것입니다. 보내 주신 번역은 문맥에 맞는 아주 훌륭한 번역이라고 생각합니다. 하지만 그때 주인공의 나이가 열한 살이라는 점이 마음에 걸립니다. 물론 열한 살이라도 그런 생각을 할 수는 있겠지만 말입니다.

Q 딸의 남자 친구가 집에 와서 딸을 기다리고 있는데, 딸의 아버지가 그 남자 친구를 the villain이라고 부른 뒤 같이 야구를 보는 상황입니다. 본래 '악인, 악당'으로 해석되는 villain이 여기서는 어떤 의미인지요? 그리고 Chillin' with (사람 이름) the villain은 어떻게 번역해야 할지 궁금합니다.

A　남자 친구가 포인트입니다. 동서양을 막론하고 아빠에게 딸의 남자 친구는 경계의 대상입니다. 왜 남자 친구를 the villain으로 불렀는지 이해가 되었습니까? 그런 맥락에서 the villain은 '악당'으로 번역할 것이 아니라 '남자 친구'라는 보다 구체적인 표현으로 번역해야 합니다. 그리고 chilling with은 '시간을 때우다'라는 의미이므로 남자 친구가 야구를 보는 상황을 고려하여 전체를 번역해 보면 "(딸이 올 동안) 저 녀석이랑 야구나 봐야겠군." 정도가 되겠습니다.

영어의 구조를 우리말 구조로 번역

Q　logbooks for entering airplane performance를 교수님께서는 '비행기 성능 데이터 기록지'라고 번역하셨던데 entering은 해석을 안 하는 게 더 자연스러워서 그렇게 하신 건가요? 제가 이게 궁금한 이유는 비행기뿐 아니라 배나 기계, 컴퓨터 같은 데서 보면 entering system이니 entering ○○ 등의 표현이 꽤 자주 나오던데 딱히 번역된 것을 보지 못한 것 같아서요. 또 영화에서도 많이 나오기도 했고요. 예전부터 궁금했던 것이라서 질문을 드립니다. 사실 enter는 흔한 단어지만 번역이 쉬운 것 같진 않더라고요.

A　영어는 동사로 쓸 수 있는 부분을 동사 + 명사 구조로 바꾸어 변화를 주기도 합니다.

　　ex. try it ➡ give it a try

　위의 보기를 '시도해 보다'로 번역하지, '그것에게 시도를 주다'로 번역하지는 않습니다.

　　ex. mistake ➡ make a mistake

　'실수하다'로 번역하지, '실수를 만들다'로 번역하지 않습니다.

ex. promote ➡ receive promotion

'승진하다' 로 번역하지, '승진을 받다' 로 번역하지 않습니다.

영어에는 이와 같은 많은 표현들이 있고 그런 구조를 파악해서 번역해야 간결한 번역이 됩니다. 질문하신 예문을 분석해 보면 enter airplane performance는 '동사(enter) + Performance(명사)' 의 구조로 바뀐 형태입니다. 그러니 enter를 없애고 performance를 동사형으로 바꾼 perform airplane의 의미로 최종 번역됩니다.

Q quick action의 수정역이 '조치가 금방 있을 것으로는' 인데, 이때 형용사 + 명사의 번역 기법을 따르기보다는 간략하게 그냥 '빠른 조치는' 이라고 하는 것이 어떨까요?

A quick action, beautiful face 등의 구조일 때는 별 차이를 못 느낄 수도 있습니다. 하지만 rising prices 등을 보면 '상승하는 물가' 보다는 '물가 상승' 이 더 자연스런 우리말 표현임이 분명합니다. 그러니 형용사 + 명사의 구조는 앞의 형용사를 명사 뒤에서 번역하는 습관을 갖는 것이 좋습니다.

ex 1. The population is **better educated**.

그 사람들은 **더 잘 교육받았다**. ➡ 그 사람들은 **교육 수준이 높다**.

ex 2. A smartphone is **a poor substitute** for a computer.

스마트폰은 컴퓨터의 **빈약한 대용물이다**. ➡ 스마트폰은 컴퓨터를 **대신하기에는 턱없이 부족하다**.

Q 교수님, 안녕하세요? 제가 한국문학번역원에서 주최하는 번역대회에 참가하게 되었습니다. 우리 문학 작품을 영어로 번역할 때 주의해야 할 점을 알

려 주셨으면 좋겠습니다. 그리고 한국어 문장에 주어가 없을 경우 어떻게 번역해야 할지도 궁금합니다. 예를 들면 "컴퓨터를 켰다."라는 문장이 있다면 누가 컴퓨터를 켰는지 반드시 밝혀 주어야 할까요?

A　우리말은 주어를 생략하는 특징이 있고 영어는 반드시 주어가 있어야 문장이 성립이 됩니다. 그러니 우리말에 주어가 없을 때는 앞뒤를 읽어 보고 주어를 찾아 넣어 주어야 합니다. 그것이 여의치 않을 경우에는 '컴퓨터'를 주어로 하여 문장을 만들 수도 있습니다.

　　ex. 컴퓨터를 켰다.

　　　I turn on the computer. (주어를 찾아 넣은 경우)

　　　The computer is on. (목적어인 컴퓨터를 주어로 한 경우)

http://www.klti.or.kr/main.do(한국문학번역원)을 방문해서 자료실도 검색해 보고 자주 올라오는 질문들도 살펴보기 바랍니다. 그리고 그 대회에서 수상한 역대 한국문학번역신인상 수상작품들이 한국문학번역도서관에 있으니 열람해 보는 것도 좋습니다. 원서와 번역을 비교하면서 주어를 처리하는 방법도 공부하고, '시선 아래로 펼쳐진 무수한 큐비클들.'이라는 완전하지 못한 문장을 영어로는 어떻게 번역했는지도 살펴보십시오. 기억해 둘 것들을 하나하나 메모하면서 읽어 보면 차차 원문에 어떻게 접근해서 번역해야 할지 생각이 정리될 것입니다.

Q　피해, 수익을 나타내는 경우를 제외하곤 능동형으로 번역한다고 했는데, 그러면 피해, 수익을 나타내는 경우에는 어떻게 수동형으로 번역해야 하는 건지 예문 몇 가지만 알려 주십시오.

A　1. He was robbed. 강도를 당했다.

2. He was wounded by a car accident. 차 사고로 부상을 입었다.

3. The house was swept away by flood. 홍수로 집이 유실되었다.

외래어 표기법에 관한 질문

Q   제가 번역 과제할 때 제일 난감한 것이 영어 고유명사나 외래어 고유명사가 나올 때입니다. 많이 쓰이는 단어는 인터넷에 많이 나오는 표현을 선택하는데, 가끔 사전에서 찾을 수도 없고 어떻게 읽히는지조차 감이 잡히지 않는 외래어(예를 들면 이탈리아어나 독일어 등)를 만나면 어떻게 번역해야 할지 난감합니다. 조언 좀 부탁드립니다.

A   번역 수업을 하다 보면 고유명사에 관한 질문이 많습니다. Boston을 '보스톤'으로 해야 할지, '보스턴'으로 해야 할지 등 영어를 우리말로 번역하는 과정이니 그 수는 무한합니다. 외래어의 표기는 현지 발음 표기를 원칙으로 합니다. 항상 번역 후 검색을 통해 확인하는 것이 안전합니다. 그리고 사전에 없고 어떻게 읽는지 도통 모르겠는 단어는 ko.forvo.com을 이용하십시오. 검색어를 찾는 단어를 넣으면 해당 나라의 발음을 알려 줍니다.

Q   지난 강의에서 교수님은 그리드, 오픈소스 등의 외래어를 한국말로 그대로 옮겨서 번역하셨습니다. 그런데 전에 외래어는 가능한 한 우리말로 번역해야 한다고 강조하셨고, 그래서 저 역시 우리말로 바꾸어 번역하려고 노력해 왔습니다. 그렇다면 어떤 경우에 우리말로 바꾸어야 하고, 어떤 경우에 그대로 옮겨야 하는 걸까요?

A 번역이 애매한 용어나 번역이 가능하더라도 이미 영어가 그대로 널리 사용되는 경우에는 발음대로 표시하고 괄호를 이용해 원문을 병기합니다. 즉 우리말로 번역하는 것이 독자의 이해에 장애가 된다고 생각하면 그대로 쓰는 것이 좋습니다.

ex. 바이오매스 (biomass)

Q 늘 외래어의 우리말 번역을 강조하시는 교수님, 이번에는 호스피스를 어떻게 번역하실지 궁금해서 질문을 드립니다. 저는 고민을 거듭하다 '임종을 위한 병동'이라고 했는데 다른 더 좋은 번역은 없을까요?

A 우리가 일상생활에서 흔히 쓰는 외래어를 우리말로 번역하는 일은 참 어렵습니다. 이럴 때는 국립국어원의 '우리말 다듬기(www.malteo.net)'를 검색하면 좋을 듯합니다. 새롭게 등장하는 외래어를 공모를 통해 우리말로 바꾸고 있는데, 이전 자료도 볼 수 있습니다. 예를 들어 junk food를 '부실음식'으로 바꾸는 식입니다. 처음에는 어색하게 들릴 수밖에 없을 테지만, 자꾸 사용해서 익숙하게 만드는 것도 번역사의 역할이라 생각합니다.

사전 이용에 관한 질문들

Q 번역을 하면서 사전을 이용하는데 제가 갖고 있는 사전이 좀 부족하다고 느껴집니다. 나름 고심해서 산 전자사전인데 말이죠. 영영사전 중에 어떤 것이 가장 방대한 양을 담고 있을지 혹시 추천해 주시면 정말 감사하겠습니다. 영영, 영한 둘 다 잘돼 있다면 더 좋겠고요.

A 우리나라의 국어대사전에 견줄 만한 사전을 찾고 있군요. 영어사전 중에 가장 많은 양을 담고 있는 사전은 사전 제작에 변혁을 가져온 노아웹스터(Noah Webster)가 제작한 웹스터 사전입니다. 1826년에 만들기 시작해 그 후 계속 업데이트되고 있으니 분량은 타의 추종을 불허합니다. http://www.merriam-webster.com에서 검색하면 됩니다.

Q 과제를 하다가 본문에서 WTU라는 단어가 나왔는데, 네이버를 검색해 보니 Washington Theologian University라고 나오더라고요. 그리고 오늘 수업을 들어 보니 WTU는 '워싱턴 교사 연합'이네요. 이렇게 갑자기 튀어나오는 약어는 도대체 어디서 검색하면 좋을까요? 약어만 모아 놓은 사이트나 책이 있다면 소개 부탁드립니다.

A www.acronymfinder.com에 가서 찾고자 하는 약어를 입력한 후 검색된 리스트에서 번역 원문 내용과 관련된 약어를 찾으면 됩니다.

번역 일반에 관한 질문들

Q 교수님, 저는 직장과 학업을 병행하며 졸업 후에 번역사의 길을 가고자 계획하고 있는 사람입니다. 1년, 2년이 아닌 10년, 20년 후를 바라보고 이 길을 가겠다고 결심했는데요. 요즘 들리는 바에 의하면, 번역 시장이 포화 상태에 이르렀고 번역사의 처우가 점점 열악해지고 있다고 합니다. 교수님께서는 번역사의 처우가 나아질 것이라고 보시는지요?

A 10년, 20년 후를 내다보고 자신의 인생을 미리 준비하는 자세에 박수를

보냅니다. 수명이 길어지면서 모두들 인생을 길게 준비해야 한다는 필요성은 느끼지만 막상 움직이는 분은 별로 보지 못했습니다. 질문에 대한 제 대답은 번역물도 늘어나고 번역사도 늘어날 것은 분명한 사실이라는 것입니다. 번역사에 대한 대우도 달라지고 있습니다. 과거에 대학생이 번역을 하고 받던 대우를 지금은 대학원생이 받고 있다고 보면 됩니다. 하지만 비단 번역 분야만 그런 것은 아닙니다. 우리 사회가 전체적으로 고학력이 되면서 박사학위 소지자가 환경미화원 모집에 대거 이력서를 내는 현상이 이런 변화의 증거입니다.

Q 번역기 등의 발전 탓에 번역사의 입지가 줄어들 것이라고 해서 걱정입니다. 교수님의 생각은 어떠신지요?

A 번역기 때문에 번역물이 줄어들 것이라는 생각은 우리 시대에는 실현되지 않습니다. 구글 번역기 등이 있긴 하지만 번역기라는 기계는 문장의 구조를 바꿀 수도 없고, 특히 다의어를 그 문장에 맞는 적절한 뜻을 찾아 번역할 수 없습니다. 예를 들면 번역기는 "Time flies like an arrow."에서 like을 '~와 같은'이 아닌 '~를 좋아하다'의 의미로 번역합니다. 그래서 '시간은 화살처럼 흐른다.'가 아닌 '시간 파리들은 화살을 좋아한다.'가 됩니다. 사람만이 할 수 있는 부분이 분명 있기 때문에 번역기가 사람을 대신할 수는 없습니다.

Q 저는 직장 생활과 학업을 병행하고 있습니다. 그러다 보니 통번역대학원에 입학할 수 없는 상황이라서 고민입니다. 하지만 반드시 필요한 코스라면 진학해야겠다고도 생각하고 있습니다. 통대 졸업생은 경력이 없어도 일반 번역사보다 번역료 수가가 높게 책정되고, 또 선후배 등과의 연대가 끈끈해 번역사로서 수월하게 첫발을 내디딜 수 있다고 들었기 때문입니다. 교수님께서는 대학원 진

학을 권장하십니까?

A 고학력 시대이다 보니 가능한 조금이라도 높은 학력을 가지는 것은 분명 중요하다고 생각합니다. 같은 값이라면 번역 관련 학위가 있는 사람을 선호할 것이 분명하기 때문입니다. 제가 있는 고려대학교의 KU-MU 과정은 고려대학교에서 1년 공부한 후 호주 맥콰리 대학교에서 1학기를 공부하고 맥콰리 대학교 통번역 석사학위를 받는 맥콰리 대학 해외 프로그램입니다.

입학하는 학생 중에는 이미 통번역 일을 하고 있는 경우도 꽤 있습니다. 이유를 물어보면 아무리 일을 잘해도 통번역 석사학위가 있는 사람을 대우해 주기 때문에 현장에서 일할 때 학위의 필요성을 절실히 느꼈기 때문이라고 합니다. 그리고 시간이 지날수록 통번역이 필요한 직장은 관련 석사학위 소지자만을 대상으로 선발할 가능성이 큽니다.

직장인들이 직업과 병행하면서 다닐 수 있는 통번역대학원은 KU-MU 토요일반, 동국대학교 통번역대학원(야간), 성균관대학교 번역대학원(야간)이 있습니다.

Q 교수님께서는 번역을 할 때 정확한 의미 전달만큼이나 신속한 번역도 중요하다고 말씀하셨습니다. 그렇다면 번역을 할 때 시간이 어느 정도 걸리는 게 적당한가요? 저는 너무 오래 걸리는 것 같아서 고민입니다.

A 전문 번역사의 경우 하루 종일(생리적 시간을 빼고) 번역에 몰두하면 영한 번역은 폰트 12 크기로 A4 8장을, 한영 번역은 4장을 번역할 것이라고 예상하여 마감 시간을 결정합니다. 물론 개인차는 있겠지요.

Q 교수님, 저는 지금 아르바이트로 컴퓨터 관련 번역을 하고 있습니다. 그런데 제가 번역료를 제대로 받고 일하고 있는 것인지 궁금해서 질문 드립니다. 번역료는 어떻게 산정하나요?

A 다음은 고려대학교에서 운영하고 있는 번역센터(International Writing Center)의 요율표입니다. 보이는 대로 영한 번역과 한영 번역은 번역료를 산정하는 방식이 다릅니다.

글자 수 세기는 한글 문서인 경우에는 '파일→문서정보→문서통계'를 보면 됩니다. 그리고 그 외 다른 문서 파일인 경우에는 '사람인 글자 수 세기(http://www.saramin.co.kr/zf_user/tools/character-counter)'에서 확인할 수 있습니다. 또 많은 학생들이 번역 석사학위를 받기 전에 받았던 번역료와 학위를 받은 후 번역료를 조정하는 기준이 무엇인지를 묻는데, 보통 학위가 없을 때는 주는 대로 받고 학위가 있으면 요율표대로 받습니다. 조정을 해야 할 때는 요율표를 참고하기 바랍니다. 다만 번역사에 따라 또는 의뢰하는 측에 따라 글자 수로 산정하는 경우도 있습니다.

다음 요율표를 기준으로 페이지를 계산하여 견적하되 원문의 종류, 난이도 및 완료 가능 날짜에 따라 차등 적용될 수 있습니다.

- 한영 번역: 한글 800자(문자 수/공백 포함) = 1페이지
- 영한 번역: 영문 250단어 = 1페이지
- 글자 수, 단어 수가 각각 800자, 250단어 미만인 문서의 경우, 1페이지로 간주됩니다.
→ 단, 원문의 완성도가 현저히 떨어질 경우 접수를 받지 않을 수 있습니다.

(2012년 4월 1일부터 시행)

1. 영한 번역 요율 (250단어 1페이지에 대한 가격)

대상	구분	구분(단위: 원)	비고
본교 학생 및 교직원 (10% 할인)	논문/초록/학술지/공문서	22,500	논문, 초록, 공문서 등
		27,000	전공이 심도 있게 다루어진 논문, 초록, 공문서
	브로슈어/사업안	별도 협의	
일반인	논문/초록/학술지/공문서	25,000	논문, 초록, 공문서 등
		30,000	전공이 심도 있게 다루어진 논문, 초록, 공문서
	브로슈어/사업안	별도 협의	

(2012년 4월 1일부터 시행)

2. 한영 번역 요율 (공백 포함 800자당 1페이지에 대한 가격)

대상	구분	구분(단위: 원)	비고
본교 학생 및 교직원 (10% 할인)	자기소개서/이력서 등	45,000	
	논문/초록/학술지/공문서	46,800 (난이도 하)	논문, 초록, 공문서 등
		56,700 (난이도 중)	한자어 표현이 많은 논문, 초록, 공문서
		67,500 (난이도 상)	전공이 심도 있게 다루어진 논문, 초록, 공문
	브로슈어/사업안/문서 내의 도표나 그래프	별도 협의	
일반인	자기소개서/이력서 등	50,000	
	논문/초록/학술지/공문서	52,000 (난이도 하)	논문, 초록, 공문서 등
		63,000 (난이도 중)	한자어 표현이 많은 논문, 초록, 공문서
		75,000 (난이도 상)	전공이 심도 있게 다루어진 논문, 초록, 공문서
	브로슈어/사업안/문서 내의 도표나 그래프	별도 협의	

Q 번역사도 여러 단계가 있어서 초벌 번역가가 있다는 말을 들었습니다. 초벌 번역가가 되려면 어떻게 해야 하나요?

A 초벌 번역가는 1차 초벌 번역을 하는 사람입니다. 그들이 번역한 초벌 번역 원고는 전문 번역사에 의해 우리말 구조와 적절한 표현으로 다듬는 과정을 거칩니다. 무작정 초벌 번역을 하겠다고 시작하는 대신 초벌 번역가 시험을 응시할 것을 권합니다. 먼저 자격을 취득한 후 이력서를 여기저기 내 보는 것이 좋겠습니다. 뭐든 말이 아니라 서류로 증명을 하는 것이 공신력이 높으니까요. 초벌 번역가 시험 정보는 다음과 같습니다.

❶ 응시 자격: 20세 이상으로, 국적, 성별, 학력 등 응시 자격에 제한이 없음.
❷ 시험 일정: 1년에 3번(2월, 6월, 10월)
❸ 시험 구분: 영어, 일어, 중국어 1, 2급만 시행
❹ 합격 기준: 100점 만점에 70점 이상
❺ 번역 능력의 평가: 원문 이해력, 표현력, 문장력에 큰 비중을 둔다. 초보적인 수준의 번역이나 직역으로는 원문의 의미를 전달하기 어려운 경우가 많으므로 좋은 번역이라 볼 수 없다. 또 번역가로서의 소양, 즉 번역 기술을 평가하고 번역문의 구성력과 낱말의 응용력을 평가한다. 단어의 풀어쓰기나 전체 문장의 균형을 중시하며 원문이 의도하는 바를 어느 정도 수용했는지도 평가한다. 번역문의 띄어쓰기, 맞춤법 등 번역가가 갖추어야 하는 기본적인 우리말 표기법도 평가의 중요한 부분을 차지한다.

Q 번역 능력 자격시험이 있다고 들었는데 그런 자격증을 따면 직장 생활에 도움이 될까요?

A 이력서에는 영어 시험 성적을 적는 난이 있고 그 외의 난이 있습니다. 영어 시험 성적은 자신이 영어를 얼마나 이해하는지를 증명하는 자료입니다. 그 외의 난에 번역 능력 자격증을 따서 적을 수 있다면 자신이 이해한 외국어를 '글'로 전달할 수 있는 능력까지 입증하는 것입니다. 영문 서류를 번역해야 하거나 그것을 우리말로 발표해야 할 일이 필요한 회사라면 당연히 번역 능력 자격증을 가진 사람을 선호할 것입니다. 번역 능력 시험은 3월 7월 11월 있고, 1급부터 3급까지 있는데 3급, 2급, 1급 순서대로 따야 하는 것은 아니니 처음부터 1급에 도전해도 됩니다. 시험은 모두 원문을 70분 내에 번역하는 것입니다. 시험 문제는 공개되지 않으나 원문을 얼마나 우리말로 잘 전달해 내는지가 관건입니다.

Q 저는 책 번역을 하고 싶은데 어떻게 해야 하나요?

A 우선 출판사에 자신의 이력서를 제출하는 것이 시작입니다. 번역 관련 업체에서는 시험을 보기도 합니다. 그러다 출판사에서 적임자라고 생각되면 번역을 의뢰하게 됩니다. 혹은 좋은 외국 서적을 출판사에 소개해 주면서 번역을 의뢰받는 방식도 있습니다. 그럴 때는 책 내용과 생각하는 예상 독자층 등 책에 관한 개요를 자세하게 준비하는 것이 좋습니다. 그렇게 번역이 결정되면 저작권 문제를 해결한 후 번역을 하고 교정을 거쳐 책이 출판됩니다.

Q 기술, 도서, 영상 분야 중 저는 영상 번역 쪽을 희망하는데, 요 근래 각광받고 있는 분야는 어디인가요?

A 우수한 영어 실력을 갖춘 인재를 확보하고 있는 기업체나 관공서에서도 기술 번역 쪽은 모두 의뢰를 하는 편입니다. 정보통신 부문이나 컴퓨터 관련 부

문 등은 해당 분야 전공자들도 그 분야 글 번역에 혀를 내두르는 일이 많습니다. 출판사에서도 이런 분야를 잘 번역할 수 있는 번역사를 항상 구하고 있는 실정입니다. 기술 분야의 전공자거나 관심이 있는 사람은 평소 관련 배경지식과 관련 용어를 숙지하고 번역본과 원문을 비교하면서 공부를 하면 번역료도 상대적으로 높기 때문에 강점이 될 것입니다.

도서 번역 또한 독자들이 계속 필요로 하기 때문에 수요가 많습니다.

질문한 학생은 영상 번역을 희망한다고 했는데, 영화나 드라마, 다큐멘터리 등은 계속 제작될 것이고 각종 영화제와 관련된 번역도 많기 때문에 그 수요가 지속적으로 있는 분야입니다.

결론적으로 말씀드리면 모든 분야가 정도의 차이는 있지만 다 수요가 있는 분야이니 가장 각광받는 분야를 선호하기보다는 일을 하면서 자신이 행복한 분야를 택하는 것이 좋습니다. 번역은 시간이 많이 걸리는 작업입니다. 그렇게 하루하루 번역하다 보면 앉은 채로 한 달이, 일 년이 훌쩍 지나갑니다. 그러니 더욱더 자신이 즐겁게 일해서 좋은 번역물을 내놓을 수 있는 분야를 선택했으면 합니다.

Q 요즘 미드 등 영상 번역이 대세입니다. 영상 번역은 어떻게 할 수 있나요?

A 영상 번역사는 흔히 '두 줄의 승부사'라고 불립니다. 그만큼 어떻게 그 많은 대사를 두 줄로 요약할 것인지가 관건입니다. 우선 영상 번역을 잘하려면 자막이 있는 영화나 드라마를 무한 반복으로 보면서 잘된 번역이라고 생각되는 표현들을 많이 적고 암기하기 바랍니다. 우리는 쉽게 보지만 그 영상물을 번역한 사람은 많이 고민했을 것입니다. 그런데 사실 영상 번역은 대본 없이 번역하는 경우는 거의 없기 때문에 청취 실력의 문제가 아니고 언어의 유희를 얼마나 자유

자재로 하는가가 핵심입니다. 동시에 단기간이라도 관련 기관에서 훈련을 받고 이력서에 그런 경력을 써넣기를 권합니다. 6주 정도의 투자로 평생 그 일을 하면서 살 수도 있으니까요. 번역 실무 및 영상물 발주까지의 과정을 훈련받을 수 있는 곳은 한겨레교육문화센터인데, 영상 번역 작가 입문 과정이 있습니다.

Q 번역하는 분들이 만나는 카페가 있으면 번역 지망생인 저에게 도움이 많이 될 것 같습니다. 소개해 주실 수 있을까요?

A 번역사들이 모이는 공식 카페로는 '바른 번역(www.translators.co.kr)'이 있습니다. 그리고 통번역 대학원 졸업생들이 운영하는 카페도 있으나 회원만 이용할 수 있는 곳이 많습니다.

전문 번역사 개인들이 운영하는 블로그가 많으니 번역에 대한 정보를 얻기 원하면 이곳을 활용하는 것도 좋습니다. 질문을 올리면 대답도 달아 주거든요. 또 블로그에서 번역 관련 글을 읽으면 번역에 관한 여러 가지 생각을 정리하는 데에도 도움이 될 것입니다.

이 책이 여러분이
'마스터 번역사(Master Translator)'가
되는 데 일조하기를 기대합니다.

He who laughs last laughs best.